北京市第三次全国农业普查重点研究课题

课题组顾问：梁　旭　统计师
课题主持人：王关义　教　授
课题组成员：高海涛　何志勇　白志楠　臧义乐
　　　　　　张平平　王梦杰　宋　歌　朱玥晗
　　　　　　牛一狄

北京市大兴区
农业与乡村旅游产业
发展趋势研究

王关义 高海涛 何志勇 等 | 著

图书在版编目（CIP）数据

北京市大兴区农业与乡村旅游产业发展趋势研究／
王关义等著．—北京：中央编译出版社，2019.11
ISBN 978-7-5117-3762-5

Ⅰ．①北… Ⅱ．①王… Ⅲ．①观光农业-研究-大兴
区 ②乡村旅游-旅游业发展-研究-大兴区 Ⅳ．
①F592.713

中国版本图书馆 CIP 数据核字（2019）第 268455 号

北京市大兴区农业与乡村旅游产业发展趋势研究

出 版 人：	葛海彦
出版统筹：	贾宇琰
责任编辑：	王丽芳
责任印制：	刘　慧
出版发行：	中央编译出版社
地　　址：	北京西城区车公庄大街乙 5 号鸿儒大厦 B 座（100044）
电　　话：	（010）52612345（总编室）　　（010）52612349（编辑室）
	（010）52612316（发行部）　　（010）52612346（馆配部）
传　　真：	（010）66515838
经　　销：	全国新华书店
印　　刷：	北京紫瑞利印刷有限公司
开　　本：	710 毫米×1000 毫米　1/16
字　　数：	164 千字
印　　张：	12.25
版　　次：	2020 年 1 月第 1 版
印　　次：	2020 年 1 月第 1 次印刷
定　　价：	68.00 元

网　　址：	www.cctphome.com　　邮　箱：cctp@cctphome.com
新浪微博：	@中央编译出版社　　　　微　信：中央编译出版社（ID: cctphome）
淘宝店铺：	中央编译出版社直销店（http://shop108367160.taobao.com）
	（010）55626985

本社常年法律顾问：北京市吴栾赵阎律师事务所律师　闫军　梁勤
凡有印装质量问题，本社负责调换，电话：（010）55626985

目 录

第一部分 大兴区"三农"发展研究报告

第一章 大兴区农业、农村、农民发展现状 ·················· 3
  第一节 农业、农村、农民基本情况 ·················· 3
  第二节 农村经济发展情况分析 ·················· 13
  第三节 观光休闲农业生产情况 ·················· 18
  第四节 小　结 ·················· 22

第二章 大兴区农业产业结构与发展方向 ·················· 23
  第一节 大兴区农业产业结构 ·················· 23
  第二节 大兴区农业产业发展瓶颈和方向 ·················· 26
  第三节 政策因素对农业产业的发展影响 ·················· 29
  第四节 大兴农业产业的优势与劣势 ·················· 32
  第五节 小　结 ·················· 37

第三章 大兴区农业产业中劳动力问题 ·················· 38
  第一节 大兴区农业产业中劳动力发展状况分析 ·················· 38

第二节　农业产业发展对劳动力的需求及转移分析 ………… 45
第三节　农业人口红利现状对农业经济发展的影响 ………… 50
第四节　大兴区农业产业劳动力发展方向建议 ……………… 52
第五节　小　结 …………………………………………………… 54

第四章　解决大兴区"三农"问题的政策建议 ……………… 55
第一节　政府层面 ………………………………………………… 55
第二节　人员层面 ………………………………………………… 56
第三节　信息技术层面 …………………………………………… 58

第二部分　大兴区乡村旅游产业发展趋势研究

第五章　大兴区乡村旅游发展现状分析 …………………………… 63
第一节　大兴区农业资源发展现状分析 ………………………… 63
第二节　大兴区农业观光园发展现状 …………………………… 67
第三节　大兴区乡村发展现状分析 ……………………………… 70
第四节　大兴区乡村旅游基础设施建设状况分析 ……………… 73

第六章　大兴区乡村旅游产业市场结构与发展趋势分析 ………… 75
第一节　大兴区乡村旅游产业市场结构分析 …………………… 75
第二节　大兴区农业观光园规模变化情况 ……………………… 82
第三节　大兴区民俗旅游产业趋势分析 ………………………… 86
第四节　大兴区蔬菜播种和果园面积发展趋势分析 …………… 89

第七章　大兴区乡村旅游产业调研与分析 ………………………… 94
第一节　调查背景 ………………………………………………… 94

第二节　调查对象 ··· 94

　第三节　调查问卷数据分析 ··· 95

第八章　大兴区乡村旅游产业发展特点及面临的问题 ··············· 122

　第一节　大兴区乡村旅游产业发展特点 ····························· 122

　第二节　大兴区乡村旅游产业发展面临的问题 ······················· 125

第九章　大兴区乡村旅游产业发展政策建议 ······················· 130

　第一节　优化乡村旅游产业发展规划 ······························· 130

　第二节　改善乡村旅游产品结构 ··································· 131

　第三节　完善乡村旅游基础设施建设 ······························· 133

　第四节　加大乡村旅游产业扶持力度 ······························· 133

　第五节　加强乡村旅游宣传营销力度 ······························· 134

　第六节　提高乡村旅游产业从业者整体素质 ························· 135

　第七节　注重现代化互联网技术在乡村旅游中的应用 ················· 136

第三部分　乡村旅游产业发展成功案例
——陕西礼泉县袁家村发展案例分析

第十章　创新与共享：袁家村的乡村振兴之路

　　——关于袁家村模式的调查和思考 ······························· 141

　第一节　以支部为核心，以农民为主体 ····························· 142

　第二节　因地制宜，自主创新 ····································· 147

　第三节　把农民组织起来，走共同富裕道路 ························· 156

　第四节　政策引导，政府帮扶 ····································· 162

　第五节　袁家村的基本经验和意义 ································· 165

附 录

附件一　大兴区下属镇/村旅游办访问提纲 …………………… 169
附件二　大兴区旅行社访谈提纲 …………………………………… 170
附件三　大兴区农户访谈提纲 ……………………………………… 171
附件四　大兴区乡村旅游调查问卷 ………………………………… 172

参考文献 ……………………………………………………………… 183
后　记 ………………………………………………………………… 185

第一部分
大兴区"三农"发展研究报告

第一章 大兴区农业、农村、农民发展现状

第一节 农业、农村、农民基本情况

针对大兴区"三农"问题的基本情况说明，主要是依据第三次全国农业普查的相关信息。大兴区本次共调查了 14 个镇；505 个村级单位，其中 504 个村委会，1 个涉农居委会；515 个自然村。

一、农业经营主体

2016 年，全区登记农户 100603 户，其中农业经营户 45384 户，规模农业经营户 242 户。全区农业经营单位 964 个。2016 年年末，在工商部门注册的农民合作社总数 757 个，其中，农业普查登记的以农业生产经营或服务为主的农民合作社 470 个。如表 1.1 所示。

表 1.1 大兴区农业经营主体数量 （单位：户、个）

指标	数量
登记农户	100603
农业经营户	45384
规模农业经营户	242

(续表)

指标	数量
农业经营单位	964
农民合作社	470

注：表中数据引自北京市大兴区第三次全国农业普查主要数据公报（第二号）

从上表可以看出，大兴区的规模农业经营户只占全区登记农户的0.24%，绝大部分都是以家庭为单位的小规模农业经营户，这种经营模式可能会降低生产效率和增加风险负担。另外，大兴区也采用了农民合作社的发展模式，一定程度上起到了带动农户发展的作用，有积极的效果。

二、农业机械拥有量

2016年年末，大兴全区共有拖拉机1696台，耕整机502台，旋耕机1373台，播种机406台，排灌动力机械141套，联合收获机115台，机动脱粒机51台。基本情况如表1.2、图1.1所示。

表1.2　大兴区主要农业机械数量　　　　（单位：台、套）

指标	数量
拖拉机	1696
耕整机	502
旋耕机	1373
播种机	406
排灌动力机械	141
联合收获机	115
机动脱粒机	51
饲草料加工机械	184
挤奶机	202
剪毛机	18
果树修剪机	51

注：表中数据引自北京市大兴区第三次全国农业普查主要数据公报（第二号）

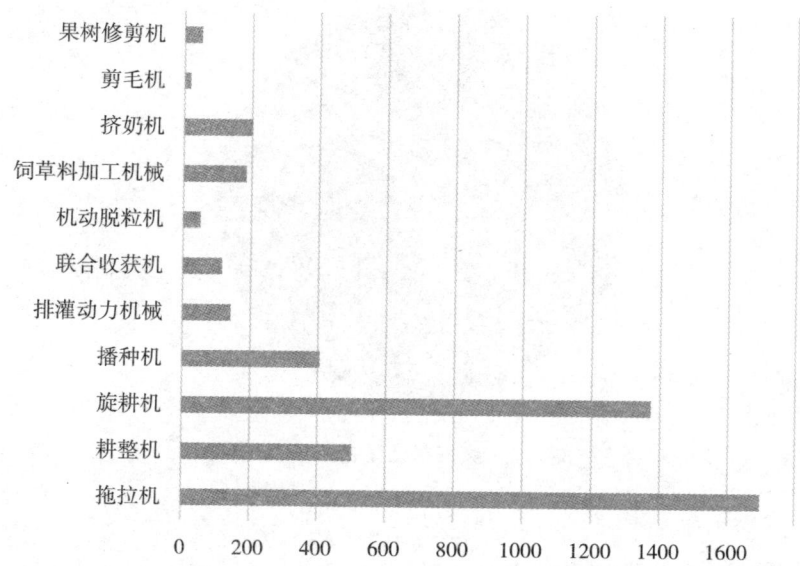

图 1.1 大兴区主要农业机械数量（单位：台、套）

表 1.1 中的统计数据表明 2016 年大兴区的登记农户一共有 100603 户，而表 1.2 中的主要农业机械数量一共 4739 台/套（假如不考虑一家农户拥有两个及两个以上的农业机械），那么整体上分析来看，农户拥有的农业机械数量比较少，不利于农业的种植、收获等。

三、土地利用

2016 年年末，大兴区实际耕种的耕地面积为 275740.7 亩，实际经营的林地面积（不含未纳入生态林补偿面积的生态林防护林）为 257003.6 亩。如图 1.2 所示。

截至 2016 年年末，大兴区在耕种粮食和种植林木方面所占用的土地面积相差不大，农民从事农业种植选择的方式几乎没有很大的差别。

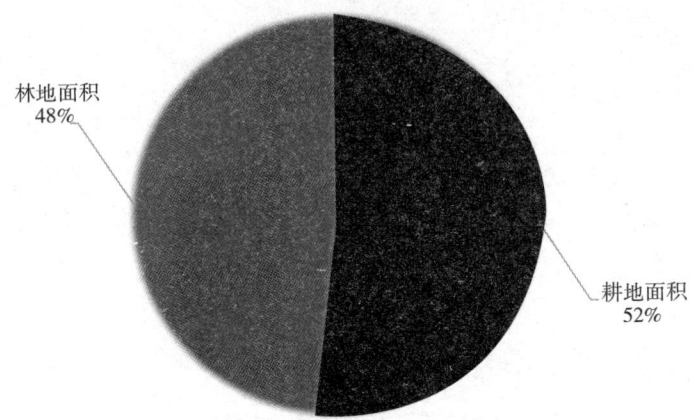

图 1.2 大兴区土地占用情况

四、农村基础设施

(一) 交通

2016年年末,在14个镇域范围内,2个镇有火车站,占14.3%;13个镇有高速公路出入口,占92.9%;100%的村通公路,以及所有村主要道路均安装有路灯;18.8%的村庄是水泥路面,81.2%的村庄是柏油路面;最远村民居住点到村委会的距离,都在5公里以内。如表1.3所示。

表 1.3 大兴区镇、村交通设施

指标	大兴区	
	个数	比重(%)
有火车站的镇	2	14.3
有高速公路出入口的镇	13	92.9
通公路的村	505	100.0
按通村主要道路路面类型分的村	—	—

(续表)

指标	大兴区	
	个数	比重（%）
水泥路面	53	10.5
柏油路面	452	89.5
沙石路面	0	0.0
按村内主要道路路面类型分的村	—	—
水泥路面	95	18.8
柏油路面	410	81.2
沙石路面	0	0.0
村内主要道路有路灯的村	505	100.0
村委会到最远自然村或居民定居点距离	—	—
5公里以内	505	100.0

注：表中数据引自北京市大兴区第三次全国农业普查主要数据公报（第三号）

表1.3表明100%的村都通了公路，而且都是柏油或者水泥路面，这为农民的出行以及粮食的运送、买卖提供了便利；另外，在主要道路上都安装有路灯，距离都能保持在5公里以内，不仅为晚间还在劳作的农民创造了福利，也为农民发展其他副业创造了机会。

（二）环境卫生

2016年年末，集中或部分集中供水，生活垃圾集中处理或部分集中处理水平的镇均达到100%。8个镇有污水处理厂（站），占乡镇数量的57.1%。

生活垃圾采用集中处理或部分集中处理的村均达到100%。141个村有生活垃圾分类收集，占27.9%；419个村有专职环卫人员，占83.0%；136个村生活污水集中处理或部分集中处理，占26.9%；468个村完成或部分完成改厕，占92.7%。如表1.4所示。

表1.4 大兴区镇、村卫生处理设施

指标	比重（%）
集中或部分集中供水的镇	100.0
有生活垃圾处理的镇	100.0
有污水处理厂（站）的镇	57.1
生活垃圾集中或部分集中处理的村	100.0
生活垃圾分类收集的村	27.9
有专职环卫人员的村	83.0
生活污水集中或部分集中处理的村	26.9
完成或部分完成改厕的村	92.7

注：表中数据引自北京市大兴区第三次全国农业普查主要数据公报（第三号）

城市的发展需要有干净的环境做铺垫，同样农村的发展也离不开整洁环境的辅助。截至2016年年末，100%的村、镇都有生活垃圾集中或部分集中处理，但只有26.9%的村能够进行生活污水集中或部分集中处理，这对大兴区相关部门也敲响了警钟，不能只关注生活垃圾的处理，这些污水也会影响农村的生态面貌和发展。

（三）能源、通信

2016年年末，在505个村级单位地域范围内，通公路、通电的村均达到100%；112个村通天然气，占22.2%；270个村有电子商务配送站点，占53.5%；安装有线电视、通宽带互联网的村均达100%。如表1.5所示。

表1.5 大兴区村能源、通讯设施

指标	大兴区	
	个数	比重（%）
通电的村	505	100.0
通天然气的村	112	22.2
通电话的村	505	100.0

（续表）

指标	大兴区	
	个数	比重（%）
安装了有线电视的村	505	100.0
通宽带互联网的村	505	100.0
有电子商务配送站点的村	270	53.5

注：表中数据引自北京市大兴区第三次全国农业普查主要数据公报（第三号）

从表1.5中可以看出，大兴区已经实现了村村有电，但天然气的普及率还偏低。另外，所有的村都安装了有线电视和互联网，能随时随地上网，但将近一半的村仍没有电子商务配送，为农民的生活也带来了一定程度的不便。

（四）文化教育

至2016年末，大兴区开设有托儿所、幼儿园、小学的镇均达到100%；11个镇有图书馆、文化站，占78.6%；3个镇有剧场、影剧院，占21.4%；10个镇有公园及休闲健身广场，占71.4%；128个村有托儿所、幼儿园，占25.3%；414个村有体育健身场所，占82.0%；302个村有农民业余文化组织，占59.8%。

表1.6 大兴区镇、村文化教育设施

指标	大兴区	
	个数	比重（%）
有托儿所、幼儿园的镇	14	100.0
有小学的镇	14	100.0
有图书馆、文化站的镇	11	78.6
有剧场、影剧院的镇	3	21.4
有公园及休闲健身广场的镇	10	71.4
有托儿所、幼儿园的村	128	25.3
有体育健身场所的村	414	82.0
有农民业余文化组织的村	302	59.8

注：表中数据引自北京市大兴区第三次全国农业普查主要数据公报（第三号）

虽然大兴区2016年末已经实现了百分之百的镇有托儿所、幼儿园和小学，但是有托儿所、幼儿园的村却只占了25.3%的比例，说明农民家庭孩子的教育问题还存在极大的隐患，急需解决。另外随着物质生活的满足，人们对精神生活的追求也越来越高，但是有图书馆、影剧院或者体育健身场所的村镇，占据的比例却很小，不利于农民生活水准的提升和各方面兴趣的培养。

五、农民生活条件

（一）住房

2016年年末，100080农户拥有自己的住房，占99.5%。其中，拥有1处住房的75386户，占74.9%；拥有2处住房的19382户，占19.3%；拥有3处及以上住房的5312户，占5.3%；拥有商品房的14802户，占14.7%。

农户住房主要为砖混和砖（石）木结构。住房为砖混结构的49376户，占49.1%；砖（石）木结构的35081户，占34.9%；钢筋混凝土结构的16135户，占16.0%。如表1.7所示。

表1.7 大兴区住房数量与结构构成

指标	大兴区	
	户数	比重（%）
按拥有住房数量划分构成	—	—
拥有1处住房	75386	74.9
拥有2处住房	19382	19.3
拥有3处及以上住房	5312	5.3
没有住房	523	0.5
按住房结构划分构成	—	—
钢筋混凝土	16135	16.0

(续表)

指标	大兴区	
	户数	比重（%）
砖混	49376	49.1
砖（石）木	35081	34.9
拥有商品房	14802	14.7

注：表中数据引自北京市大兴区第三次全国农业普查主要数据公报（第四号）

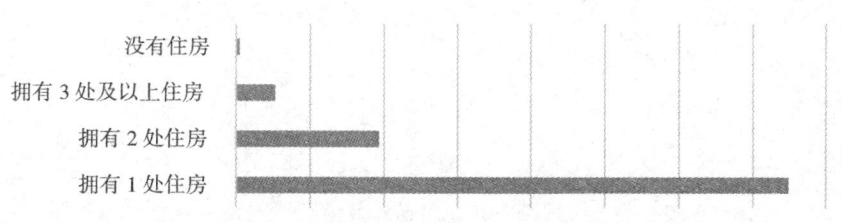

图1.3 农户拥有住房数量

从以上图表可以看出，截至2016年年末大兴区几乎所有农民都至少拥有1处及以上的住房，只有0.5%的农民没有住房，这个比例极小。但是按照国家对"三农"问题的重视程度来讲，这也需要引起有关部门的注意，争取做到人人有房住。

（二）拥有耐用消费品情况

2016年年末，平均每百户拥有小汽车71.8辆，摩托车、电瓶车106.0辆，淋浴热水器100.0台，空调170.0台，电冰箱111.1台，彩色电视机150.0台，电脑83.7台，手机281.5部。如表1.8所示。

表1.8 大兴区主要耐用消费品拥有量　　（单位：辆/百户）

指标	数量
小汽车	71.8
摩托车、电瓶车	106.0

(续表)

指标	数量
淋浴热水器	100.0
空调	170.0
电冰箱	111.1
彩色电视机	150.0
按电视节目接收方式分的户比重	—
有线电视接收	97.5
卫星接收	1.8
电脑	83.7
手机	281.5
上网手机比重	68.2

注：1. 按电视节目接收方式分的户比重是指使用不同电视节目接收方式的户占拥有彩色电视机户数的比重。

2. 上网手机比重是指上过互联网手机数量占登记户拥有手机总数的比重。

（三）主要生活能源

到2016年年末，农民做饭取暖使用的能源中，主要使用电的54171户，占53.8%；主要使用天然气、液化石油气的91874户，占91.3%；主要使用柴草的347户，占0.3%；主要使用煤的28402户，占28.2%；主要使用沼气的2627户，占2.6%；主要使用太阳能的374户，占0.4%。如图1.4所示。

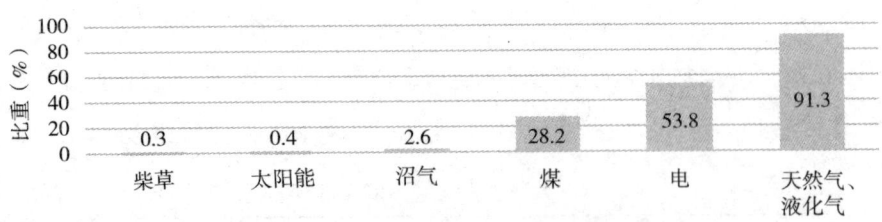

图1.4 大兴区主要生活能源构成

注：此指标每户可选两项，分项之和大于100%。

一个地区经济的发展状况如何不仅取决于城镇的经济水平，也应该考虑到农村的发展情况。从上图的数据可以发现，仍然有0.3%的农村居民依靠柴草来做饭取暖，这对他们的生活造成了极大的不便。另外，为鼓励新能源和清洁能源的利用，农村应该利用其优势促进沼气的使用，不仅为家庭节省开支，也为促进环保能源的使用作出贡献。

第二节 农村经济发展情况分析

一、农林牧渔业总产值情况浅析

2018年上半年，大兴区农林牧渔业总产值完成14.5亿元（含首农集团，下同），同比下降28.6%，虽呈现下降态势，但与一季度相比降幅收窄1.8个百分点。

其中：农业产值7.9亿元，同比下降4.5%；林业产值3.9亿元，同比下降25.4%；牧业产值2.3亿元，同比下降63.6%，牧业产值下降尤为明显。如表1.9所示。

表1.9　大兴区农林牧渔业总产值完成情况对比表　（单位：万元）

指标名称	2018年	2017年	同比增减（%）
农林牧渔总产值	145258.5	203527.6	-28.6
其中：农业	78811.7	82482.8	-4.5
林业	39354.1	52762.6	-25.4
牧业	23472.3	64480.5	-63.6
渔业	3620.4	3801.7	-4.8

注：表中数据引自北京市大兴区统计局进度数据

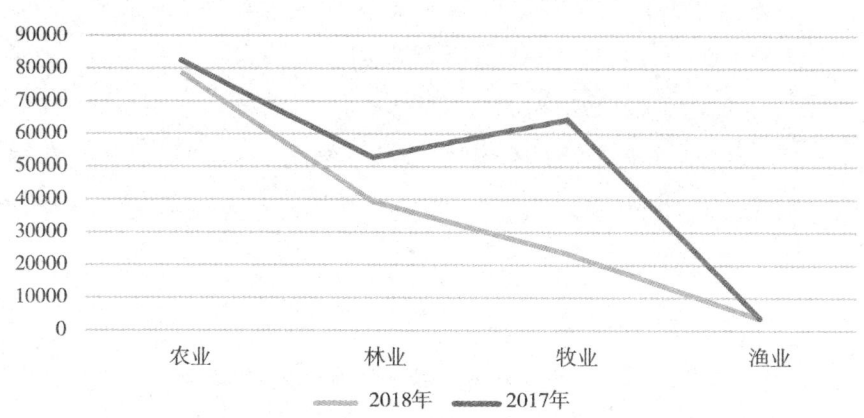

图 1.4　农林牧渔业总产值完成情况对比

从表 1.9 和图 1.4 所反映的数据，我们可以看出：

1. 农业小幅下降，仍具上升空间

受土地流转因素影响，部分村将耕地流转用于平原造林及京霸铁路工程，挤占蔬菜播种面积，导致蔬菜播种面积、产量减少。同时受市场行情供求关系因素影响，农户种植缺乏市场指导，多是跟风种植，造成农业产值小幅下降。上半年，大兴区农业产值 7.9 亿元，同比下降 4.5%，占农林牧渔业总产值的比重为 54.5%，其中，蔬菜产值（含食用菌，下同）完成 4.3 亿元，同比下降 9.3%，蔬菜总产量达 12.6 万吨，同比下降 12.2%。在农林牧渔业总产值下降 28.6% 的情况下，农业产值仅拉低总产值 1.8 个百分点。所以在"振兴农业"的大背景下，我们有理由相信农业产值仍有较大的上升空间。

2. 林业快速回落，急需部门关注

上半年，大兴区林业产值 3.9 亿元，同比下降 25.4%，拉低农林牧渔业总产值 6.6 个百分点。主要原因在于以前年度大面积造林占用土地，可造林土地的减少导致上半年累计造林面积同比减少九成，上半年，大兴区造林面积 1530 亩，同比下降 90.9%。

3. 牧业大幅缩减，政策影响巨大

牧业生产主要受产业结构深度调整、畜禽禁养政策和土地腾退政策等多重因素影响，规模逐步缩减。自 2017 年年底开始，牧业集中出栏明显，生产呈现断崖式下降趋势，现全区只有首农集团、华都集团两大养殖企业，导致 2018 年牧业大幅减少。上半年，大兴区生猪、牛、羊的产值分别为 9304.9 万元、3691.4 万元和 1447.9 万元，同比分别下降 68.8%、55.9% 和 58.9%。家禽产值为 2500.9 万元，同比下降 74.7%，其中禽蛋产值为 1092.9 万元，同比下降 69.7%。

二、居民人均可支配收入情况浅析

北京市大兴区统计局提供的数据表明，由于北京市城镇化进程加快，住户收支与生活情况调查所涉及农村居民样本数量减少，代表性较低，故自 2018 年起，全区不再对社会公布农村居民人均可支配收入和消费支出数据。因此本次情况分析只能选取最近两年的数据（2016—2017 年）加以比较说明。

此处的可支配收入，指的是调查户在调查期内获得的、可用于最终消费支出和储蓄的总和，即调查户可以用来自由支配的收入。可支配收入既包括现金，也包括实物收入。按照收入的来源，可支配收入包含四项，分别为：工资性收入、经营净收入、财产净收入和转移净收入。从表 1.10 我们可以很明显地看出来，大兴农村居民的收入不仅低于全区居民的收入，而且远远低于城镇居民的收入。

我们有理由认为，这种情况与城乡的产业特性有关。虽然大兴区的农村已经包含了多种产业，但农业在其经济结构中的重要地位，是其与城市区别的一大特征。而农产品收入需求弹性小的特点，注定了经济发展达到一定程度后农业增长必然要慢于第二、第三产业的发展。如果不考虑城乡其他方面差别，单从产业自身的扩张性上来看，农村就自然地处在劣势。城市产业比农村产业更具扩张性，一般情况下城市经济发展要快于农村。

表1.10 大兴区2016—2017年居民人均可支配收入情况 （单位：元）

指标名称	全区居民		城镇居民		农村居民	
	2017年	增速（%）	2017年	增速（%）	2017年	增速（%）
人均可支配收入	39862	8.6	47572	8.3	21338	9.1
指标名称	全区居民		城镇居民		农村居民	
	2016年	增速（%）	2016年	增速（%）	2016年	增速（%）
人均可支配收入	36718	8.5	43932	8.2	19555	9.9

注：表中数据引自北京市大兴区统计局进度数据

三、设施农业生产情况浅析

2018年上半年，大兴区设施农业实际利用占地面积完成6.6万亩，同比下降2.4%。在设施生产总量方面，上半年，大兴区设施农业实际利用占地面积比上年减少1605.8亩，下降2.4%。其中：温室与上年相比减少1862.9亩，下降8.5%，拉低设施农业占地面积2.7个百分点。中小棚与上年相比增加582.6亩，增长12.1%；设施生产结构保持进一步优化的态势。

表1.11 大兴区温室、大棚、中小棚生产基本情况

指标名称	本年累计	上年同期	增减比率（%）
占地面积（亩）	66262.2	67868	-2.4
温室	20044.4	21907.3	-8.3
大棚	40839.2	41164.7	-0.8
中小棚	5378.6	4796	12.1

(续表)

指标名称	本年累计	上年同期	增减比率（%）
播种面积（亩）	85385.5	90048.5	-5.2
温室	28289.6	30247.7	-6.5
大棚	50810.7	51403.3	-1.2
中小棚	6285.2	8397.5	-25.2
销售收入（万元）	64655.5	66919.5	-3.4
温室	23315.3	28015	-16.8
大棚	37291.1	34061.4	9.5
中小棚	4049.1	4843.1	-16.4

注：表中数据引自北京市大兴区统计局进度数据

从表1.11中的数据，我们可以看出：

1. 种植方向转移，面积、收入均下降

上半年，受结构调整和土地流转因素影响，部分耕地流转用于平原造林、京霸铁路以及机场建设工程。大兴区设施实际利用占地面积6.6万亩，同比下降2.4%；播种面积8.5万亩，同比下降5.2%；收入6.5亿元，同比下降3.4%。

2. 生产规模适中，主导作用凸显

上半年，全区设施蔬菜播种面积达到6.3万亩，占蔬菜总播种面积的94.6%，成为全区蔬菜生产的主体。同时，设施瓜类面积1.8万亩，产量5.9万吨，收入达到2.4亿元，同比增长3.9%。蔬菜及瓜类收入合计达6亿元，占全部设施农业收入的92.6%。由此看出，设施蔬菜及设施瓜类生产已成为全区设施农业收入的主要来源，主导作用凸显。

3. 花卉一增一减，市场影响明显

上半年，大兴花卉种植受草花品种较多、占地面积小、生长周期短的影响，播种面积1557.5亩，同比增长1.6%；但受市场行情影响，草花单价偏低拉低了花卉价格，导致花卉收入4418.8万元，同比下降 20.3%。

四、种业生产情况浅析

2018 年上半年，大兴区种业总收入实现 3985.6 万元，同比增加 1055.7 万元，增长 36%。全区种业生产主要为蔬菜苗、瓜果苗、种猪、种蛋、种雏禽，各种业生产形势如下：

1. 农业种业快速增长

大兴区农业种业主要为蔬菜苗、瓜果苗生产，上半年，全区蔬菜苗产量 1132 万株，同比增加 376.9 万株，增长 49.9%。蔬菜苗产量增加主要受长子营镇蔬菜苗需求量增加影响，农户普遍增加播种面积，产量同比增加 521.4 万株，收入同比增长 2.4 倍。全区瓜果苗产量 1153.5 万株，均为新增项目，主要是庞各庄镇受煤改电政策影响，政府成立育苗厂开展集中育苗，增加瓜果苗产量。受以上利好因素的影响，全区农业种业收入实现 1328.7 万元，同比增加 1128.3 万元，增长 6.6 倍。

2. 牧业种业小幅下降

为深入贯彻落实水污染防治行动计划，大兴区全面实施禁养政策，牧业生产经营单位和规模户被关停，牧业生产呈现断崖式下降趋势。上半年，大兴区牧业种业实现销售收入 2656.9 万元，同比下降 2.7%。

3. 种蛋销量与收入呈反比

上半年，大兴区种蛋产量实现 2738.3 万枚，同比下降 8.0%，但受市场行情、单价上涨的影响，种蛋收入实现 2221.4 万元，同比增长 23.0%。

第三节 观光休闲农业生产情况

随着农业结构的调整及农业高新技术的应用，大兴区各镇、村及产业协会结合自己的农业特点、自然资源，相继建成了一批集采摘、餐饮、观光及出售农产品等于一体的高新农业观光园，为传统农业注入一种全新的生产经营模式，同时也将成为今后大兴区都市农业的发展方向。现将大兴区2018年一季度观光休闲农业情况做简要分析。

一、观光园生产情况

2018年一季度，大兴区共有66个观光园，比上年同期减少15个；高峰期从业人员1441人，同比下降19.8%；接待人次11.5万人，同比增长6.8%；观光园总收入1547.5万元，同比下降9.2%。另外，采育镇新增加2个观光园，北京星月湖绿色农业科技中心和北京杰顺兴科技有限公司，这两家公司都是集采摘、垂钓、餐饮、住宿等于一体的综合性休闲场所，为大兴区的农业观光业态提供了新的行业标杆。

表1.12 大兴区观光园生产情况

指标（目录）名称	计量单位	2018年第一季度	2017年第一季度	增减比率（%）
观光园个数	个	66	81	-18.5
高峰期从业人员	人	1441	1797	-19.8
其中：本地从业人员	人	829	786	5.5
从业人员劳动报酬	万元	762.6	724.1	5.3
接待人次	人次	115192	107898	6.8
采摘产量	公斤	70483	144630	-51.3
其中：设施地采摘产量	公斤	70483	138130.0	-49.0
总收入	万元	1547.5	1704.3	-9.2

注：表中数据引自北京市大兴区统计局进度数据

从表1.12中反映的相关信息，我们可以得出：

1. 观光园总收入同比略减

在北京市疏解非首都功能政策的大背景下，大兴区清理低端项目较多、规模相对较小、特色程度不强的观光园逐步面临停业、倒闭、拆迁腾退，对观光园收入有一定的影响，一季度观光园总收入实现1547.5万元，较上年同期减少156.8万元，同比下降9.2%。

2. 接待人次增幅明显

2018年一季度观光园接待人次11.5万人，与上年同期相比增加7294人，同比增长6.8%。增长点主要分布在以下两个地区：一是庞各庄镇赵村航天之光春节庙会带来的游客数量增加；二是采育镇大黑垡观光园、沙窝营村的融青生态园、大同营村观光园接待婚宴、年会会议及草莓采摘的游客人数较多，带动接待人次同比增加。

3. 从业人员劳动报酬、平均工资增长显著

一季度全区观光园从业人员劳动报酬762.6万元，比上年同期增长5.3%，平均工资增长31.3%。由于全区综合性观光园的逐步壮大，从业人员增加，工资增长较快，促使从业人员劳动报酬、平均工资均呈现不同程度的增长。

4. 采摘产量比去年减少一半

大兴区观光采摘主打品种主要有庞各庄的西瓜、安定的桑椹、采育的葡萄以及散布在各镇的草莓。一季度全区观光园采摘受季节及拆迁腾退影响，主要品种草莓采摘产量与上年同期相比减少7.4吨，同比下降51.3%。草莓采摘产量下降主要受观光园拆迁腾退影响，尤其是绿得金观光园大量减少草莓种植，鹅房奥肯尼克农场拆迁腾退，导致草莓产量下降达7.1吨。

二、观光园经营特点

1. 观光园收入小幅下降，收入更加体现多元化

从收入构成上看，观光园收入从主要以采摘收入和出售农产品收入为主向多种经营模式转变。一季度观光园总收入实现1547.5万元，同

比下降9.2%。其中，采摘收入实现553.1万元，同比下降15.6%；出售农产品收入实现238.2万元，同比下降15.5%。各镇结合自身观光园特点，改变经营模式，实现观光园收入创新高。例如青云店曹村观光园改变经营模式，取消住宿，将闲置房屋出租，使得全镇其他收入大幅增加；庞各庄镇赵村航天之光春节开展庙会等活动，门票收入增加，促使总收入增加。经营模式的改变是一季度大兴区观光园的主要经营特点之一。

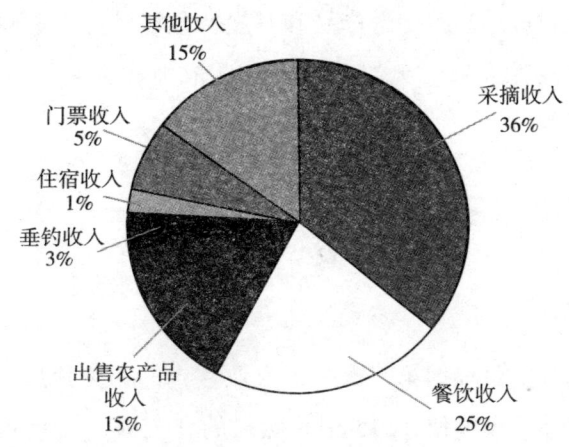

图1.4　大兴区2018年一季度观光园各项收入占总收入比重

2. 观光园地域特色明显，带动镇区发展

大兴区规模较大观光园多以地域特色为主，且经营状况良好。采育镇地理位置优越，是"中国葡萄之乡""首都文明旅游景区"，该镇以葡萄为依托，发展特色旅游，例如潘铁营村的手工艺品"黑陶"、进伟草莓基地的"牛奶草莓"等每年都吸引很多游客，采育镇一季度接待人次4694人，同比增加108.6%，占观光园总接待人次的六成以上，总收入实现203.9万元，同比增长69.5%，其中采摘收入同比增幅67.4%。庞各庄航天之光春节开展庙会，接待人次实现37760人，同比增长125.4%；门票收入大幅增加，同比增长167.5%；同时本季度草莓采摘收入实现大幅增加，同比增长212.5%。各镇观光园不断发挥地域特色，吸引了更多游客，对全区农业的发展提供了更多可借鉴的方式方法，带动镇区经济发展。

三、观光休闲农业发展前景展望

受节气影响，一季度旅游、观光、采摘等虽未达到去年同期，但二季度西瓜节的开幕出现了乡村旅游高峰。随着乡村振兴战略的不断深入落实，结合区域特点创新旅游产品和开展特色活动，将进一步带动我区观光休闲农业良性发展。大兴区观光休闲农业将拥有更为广阔的发展空间。

第四节 小 结

本章第一节主要根据第三次全国农业普查的相关信息，对大兴区的14个镇，505个村级单位，515个自然村的"三农"发展基本情况从五个方面展开说明：农业经营主体、农业机械拥有量、土地利用、农村基础设施和农民生活条件，从中我们可以发现大兴区的基础设施较为完善，可以满足农民基本的生活需求。第二节依据大兴区统计局的进度数据分别从农林牧渔业的总产值、居民人均可支配收入情况、设施农业生产情况和种业生产情况对农村的经济发展情况进行分析说明，从相关数据的增长变动中，可以发现大兴区农村经济受结构调整和土地流转因素的影响较为严重。随着农业结构的调整及农业高新技术的应用，要想促进农村经济的发展，改善农民的生活水平，不应仅依赖传统的农林牧渔业，还应该为传统农业注入一种全新的生产经营模式，因而第三节针对大兴区观光休闲农业的生产情况、经营特点和发展前景作了相关说明，并有理由相信观光休闲农业将成为今后大兴区农业的重要发展方向。

第二章 大兴区农业产业结构与发展方向

第一节 大兴区农业产业结构

一、农林牧渔业总产值情况分析

根据 2018 年上半年大兴区农林牧渔总产值和 2017 年数据，计算分析得出 2017 年和 2018 年农林牧渔业产值占比情况对比表。2017 年，农业产值占比 40.53%，林业产值占比 25.92%，牧业产值占比 31.68%，渔业产值占比 1.87%。2018 年上半年，农业产值占比 54.26%，相较上年上升 33.88%。林业产值占比 27.09%，相较上年上升 4.51%。牧业产值占比 16.16%，相较上年下降 48.99%。渔业产值占比 2.49%，相较上年上升 33.16%。

表 2.1　大兴区农林牧渔业产值占比情况对比表

指标名称	2018年农林牧渔产值占比（%）	2017年农林牧渔产值占比（%）	同比增减（%）
农业	54.26	40.53	33.88
林业	27.09	25.92	4.51

(续表)

指标名称	2018 年农林牧渔产值占比（%）	2017 年农林牧渔产值占比（%）	同比增减（%）
牧业	16.16	31.68	-48.99
渔业	2.49	1.87	33.16

注：表中数据引自北京市大兴区统计局进度数据

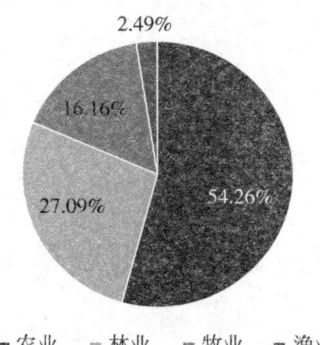

图 2.1　大兴区 2018 年农林牧渔业产值占比

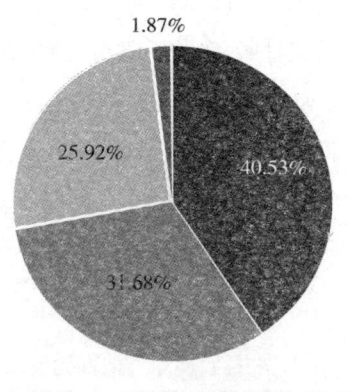

图 2.2　大兴区 2017 年农林牧渔业产值占比

二、对大兴区农业产业结构的评价

1. 农业内部各业产业发展不协调

北京市大兴区农业内部农林牧渔各业发展水平不一,其中农业比较发达,林牧渔业相对落后。虽然改革开放后大兴区对农业生产结构进行过多次调整,在当时的条件下,农业产业结构应该说是比较合理的。但调整过程中还是没有从农林牧渔各业协调发展全局出发,仅仅根据以往数据,进行农林牧渔各产业量上的调整,较少考虑种植业发展对畜牧业的影响,畜牧业对种植业的反作用,所以调整较为单一,没有立足全局,没有从农林牧渔各业有机结合出发,没有在提高经济效益的前提下以各业最优的结构为调整目标,造成农业生产结构不够合理。

2. 缺乏龙头企业带领而导致农业发展没有方向导航

由于农户经营分散,大兴区农业发展经常处于较为被动的局面。2016年,全区农业生产经营人员64877人,规模农业经营户农业生产经营人员1571人,农业经营单位农业生产经营人员9490人。由于农户经营分散,农户无法及时、准确地掌握市场信息,而完全依靠经验和感觉来规划生产项目,导致大兴区农业产业结构无法适应市场经济的发展。根据国家乡村振兴战略规划(2018—2022年)中有关加快农业转型升级的要求,要培育提升农业品牌,我们认为这是一个适合大兴区农业发展的方案,应大力培育并提升大兴区内的农业品牌,从而选拔出农业龙头企业,进一步为大兴区的农业发展方向导航。

3. 农业产业结构调整缺乏财政支持

大兴区政府在农业结构调整中的财政支持较为有限,社会补农能力较差。农民在结构调整中不仅要生产出市场需要的产品,而且还要在保障国家粮食产量标准下,在结构调整中实现增收。政府则希望在支出不显著增加的同时,通过结构调整使农业增长更为显著和可持续。

第二节 大兴区农业产业发展瓶颈和方向

一、大兴区农业产业发展的瓶颈

1. 可用土地资源越来越少

2017年受土地流转因素影响,部分村将耕地流转用于平原造林及京霸铁路工程,挤占蔬菜播种面积,导致蔬菜播种面积、产量减少。与此同时,受市场行情供求关系因素影响,农户种植缺乏市场指导,多是跟风种植,造成农业产值小幅下降。

2. 农业产业内部结构不均衡

通过之前的数据分析可以看出,大兴区农业内部农林牧渔各业发展水平不一,其中农业比较发达,然而林牧渔业相对落后。内部结构调整也较为单一,没有立足全局,没有从农林牧渔各业有机结合出发,没有在提高经济效益的前提下以各业最优的结构为调整目标,造成农业生产结构不够合理。

3. 土地承包经营权需要进一步落实

2016年年末,14个镇已完成农村土地承包经营权确权的农用地面积38106.1公顷,已完成土地承包经营权确权的户数84224户,已完成土地承包经营权确权的人口数293313人。

表2.2 大兴区农村土地确权情况 （单位：公顷、户、人）

指标	数量
年末已完成土地承包经营权确权的农用地面积	38106.1
年末已完成土地承包经营权确权的户数	84224
年末已完成土地承包经营权确权的人口数	293313

注：表中数据引自北京市大兴区统计局进度数据

二、大兴区农业产业发展的方向

大兴区农林牧渔业整体呈下降趋势，但农业产值仍具有一定的上升空间。从现阶段农林牧渔业情况看，受疏解整治促提升、禁养政策以及新机场建设的影响，大兴区农业生产空间会被逐渐压缩、调整、下降，它在给我们带来挑战的同时也带来了机遇，迫使我们在变动中寻求新的发展方向。因此，加快土地流转，改变农业生产模式，调整生产结构，优化农业主导产业；加强标准化基地建设，提高农产品质量安全水平；提高运用农业新技术、推广新品种的能力，成为提升大兴农业整体效益和水平的发展方向。同时，进一步加快行业转型，提升农产品优质率、生产集中度和加工转化水平，实现农林牧渔业全面发展，不断优化结构，加速实现传统农业向现代农业转变，成为完善强农惠农政策体系的有力保障。

1. 加强对种植农户的科学指导

农户跟风种植是一个值得关注和思考的问题，这背后的原因有如下两点：（1）对市场的需求不了解。体现在农民对市场缺乏了解，往往看到别人种植什么作物就跟风去种。（2）缺少具体的方向和专业的农技指导。因此，第一，应该对种植农户进行一定的市场指导，根据上一年的种植情况和农作物市场进行调研。根据科学合理的数据分析下一年需要种植的产物和产量，再进行市场指导选择作物种植。第二，应当培养更多的农技指导人员到田间地头给农民提供实实在在的培训，让农民真正掌握科学的种植技术，生产出更优质的农产品。第三，生产优质果蔬粮的同时，要建立品牌意识。一定意义上说，品牌就是价值的体现。第四，要重视农村电子商务，搭上互联网的顺风车，这样即使产量超量也不会产生严重滞销问题。随时掌握最新的市场动态，包括价格变动等信息。

2. 构建乡村振兴新格局

2017年受土地流转因素影响，部分村将耕地流转用于平原造林及京霸铁路工程，挤占蔬菜播种面积，蔬菜播种面积减少。导致产量降低。大兴区应当根据国家乡村振兴战略规划（2018—2022年）构建乡村振兴新格局，统筹城乡发展空间，强化空间用途管制，优化乡村发展布局，统筹利用生产空间，合理布局生活空间，严格保护生态空间。

3. 推进农业供给侧结构性改革

大兴区应在调整农业产业结构的基础上，促进农林牧渔业和种植业创新发展，加快建设现代农业产业园和特色农产品优势区，稳定和优化粮食生产。培育新型经营主体，加强面向小农户的社会化服务。发展"互联网+农业"，多渠道增加农民收入，促进农村第一、二、三产业融合发展。

4. 全面深化农村改革

2018年是我国宣布实施乡村振兴战略后的第一年，也是进入脱贫攻坚最后阶段的冲刺期。政府工作报告详细阐明了对于农业农村有关全面深化农村改革、落实第二轮土地承包到期后再延长30年的政策。探索宅基地所有权、资格权、使用权分置改革。改进耕地占补平衡管理办法，建立新增耕地指标、城乡建设用地增减挂钩节余指标跨省域调剂机制，所得收益全部用于脱贫攻坚和支持乡村振兴。深化粮食收储、集体产权、集体林权、国有林区林场、农垦、供销社等改革，使农业农村充满生机活力。大兴区政府应该根据报告中未来一年发展的总体要求和工作建议，结合大兴区自身农业具体情况，实施具体落实方案。

5. 加大精准扶贫力度

为解决收入分配差距大的问题，应当加大精准扶贫力度。2018年3月5日，李克强总理代表国务院向大会作政府工作报告，2018年的目标是再减少农村贫困人口1000万以上，完成易地扶贫搬迁280万人。深入推进生态扶贫，补齐基础设施和公共服务短板，激发脱贫内生动力。加强扶贫资金整合和绩效管理。坚持现行脱贫标准，确保进度和质量，让脱贫得到群众认可、经得起历史检验。大兴区政府应当根据政府工作报告的指示，结合大兴区本区实际情况开展扶贫工作，在保持2017年全区人均可支配收入的增长速度的前提下，进一步提高农村居民人均可支配收入。

第三节　政策因素对农业产业的发展影响

一、财政政策

优化财政支出结构，提高财政支出的公共性、普惠性，加大对三大攻坚战的支持，更多向创新驱动、"三农"、民生等领域倾斜。2014年中央一号文件提出，完善农业补贴政策，新增补贴向粮食等重要农产品、新型农业经营主体、主产区倾斜。

二、货币政策

疏通货币政策传导渠道，用好差别化准备金、差异化信贷等政策，引导资金更多投向小微企业、"三农"和贫困地区，更好服务实体经济。2016年3月，大兴区政府授权黄村镇实施狼垡地区集体经营性建设用地土地入市试点项目，涉及拆迁面积282.73万平方米，建筑面积约190万平方米。北京农商行为该项目提供了34亿元的授信资金支持，成立了总行部门与大兴支行组成的专题工作组，为上述项目专门创新设计了金融产品，利用该产品为项目提供贷款34亿元，贷款期限1年，用于土地整治相关费用，且利率等方面给予一定优惠和支持。该项目完成后，一方面，盘活了7个村集体的土地资源，为村民长期收益提供保障；另一方面，也有效改善了村民的居住环境，解决了当地居民、资源与环境的矛盾。

三、畜禽禁养政策

随着我国畜牧业生产迅猛发展，畜禽养殖规模不断扩大，畜禽粪便、污水、恶臭等养殖废弃物产生量也迅速增加，导致环境承载压力增大，畜禽养殖污染问题日益凸显。为加快生态文明建设，防治畜禽养殖污染，保障人民群众身体健康。国务院办公厅印发《关于加快推进畜禽养殖废弃物资源化利用的意见》（以下简称《意见》），这是我国畜牧业发展史上第一个专门针对畜禽养殖废弃物处理和利用的指导性文件。进一步促进了畜禽养殖废弃物综合利用，对保护生态环境和优化养殖布局、促进养殖业转型升级起到了积极意义。

牧业生产受畜禽禁养政策因素影响，规模逐步缩减。现全区只有首农集团、华都集团两大养殖企业，导致2018年牧业产值大幅减少。2018年上半年，大兴区生猪、牛、羊的产值分别为9304.9万元、3691.4万元和1447.9万元，同比分别下降68.8%、55.9%和58.9%。家禽产值为2500.9万元，同比下降74.7%；其中禽蛋产值为1092.9万元，同比下降69.7%。

表2.3 大兴区牧业总产值完成情况对比表　　　　（单位：万元）

指标名称	2018年上半年产值	同比增减（%）
猪产值	9304.9	-68.8
牛产值	3691.4	-55.9
羊产值	1447.9	-58.9
家禽产值	2500.9	-74.7
其中：禽蛋产值	1092.9	-69.7

通过表2.3的数据可以看出牧业生产受到非常大的影响，为了减少影响的程度，呼吁政府部门在开展环境治理和畜禽禁养工作的同时，充分考虑禁养区划定的合理性，考虑实施方案的循序渐进性，考虑施政行为的人性化，考虑养殖者的生计和就业问题，不能简单粗暴的"一刀切"。在此提出四条建议：

一要统筹规划，科学实施《畜禽养殖禁养区划定技术指南》。不能片面追求政绩形象，错误理解禁养区为无畜禽区，准确务实地开展禁养区的划定和整治，助推畜禽养殖业绿色转型升级。

二要充分调研，及时公示，广泛征求社会意见，必要时召开听证会。要结合实际发展情况，合理地、循序渐进地来开展，不能一刀切式地推进畜禽养殖场的关停，要给养殖从业者足够的时间，减少不必要的损失。

三要合理补偿，及时解决畜禽养殖关停户的实际困难。从事畜禽养殖的人员，很多都是社会的弱势群体，养殖收益就是他们赖以生存的经济来源，养殖场的关停对他们生活的冲击无疑是巨大的。政府在实施畜禽养殖场关停搬迁的时候，应充分考虑养殖者的实际困难，一方面要补贴畜禽搬迁、圈舍拆迁带来的经济损失，另一方面要想方设法提供合理的工作岗位，切实解决养殖者的后顾之忧。

四要科学引导，合理提升畜禽养殖企业粪污处理设施建设。推进畜禽废弃物的无害化处理和利用，推行种养结合和生态养殖模式。同时要加大投入，进一步做好畜禽废弃物综合处置体系建设，促进畜禽养殖废弃物综合利用，推进畜禽养殖废弃物生态循环利用，确保生态保护与畜牧生产协调发展。

四、农机补贴政策

为了更好地推动农业机械化生产，解放农村劳动力，促使农民经济收入的持续增长，早在2005年大兴区就出台了相关的农机补贴惠农政策，同时结合每年农业发展实际情况进行相应的调整。该政策主要是为了达到促进农业产业发展的目的，结合地区实际情况而提出的一系列用于农村可持续发展的优惠及政策倾斜，其根本目的是将农业的基础地位作进一步的巩固。

1. 促进农机具推广，增加农民收入

农机补贴惠农政策主要是当农民个人、农机专业户等在农机具更新换代以及购置时，区政府所给予的相应的补贴。农民在购入农机具时通过政策补贴，积极参与农机培训学习，在掌握技术的基础上，很快就可以收回成本，促使农机实现快速推广和农民经济收入的增加。

2. 推进新型农机具应用，节省生产成本

通过农机补贴惠农政策为农民购入农机提供相应的补贴，这就能够促使农民大范围地实现新型农机的购入和更新换代，使得耕地抛荒的问题得到有效改善，并为实现产业结构调整、农村土地流转以及粮食生产实现规模化经营，打下更加坚实的基础。与此同时，农机的作业可促使耕作成本得到最大程度的缩减，使农民收入不断增加，从而实现对土地产出的提升，达到推动农业产业发展的目的。

第四节　大兴农业产业的优势与劣势

一、大兴农业产业的优势

1. 农业从业者的学历

农业产业结构优化升级对农业从业者的素质、能力、技能提出了更高的要求。根据2017年12月的新闻报道，我国目前在乡村务农的劳动力中，达到高中文化程度的仅占8%左右。而根据2016年大兴区"三农"普查数据公告，农业生产经营人员中，达到高中文化程度的占16.8%；规模农业经营户农业生产经营人员中，达到高中文化程度的占14.9%；农业经营单位农业生产经营人员中，达到高中文化程度的占27.9%。通过数据的对比，可以得出结论，大兴区的农业从业者的素质、能力和技能相较于全国

的农业从业者具备明显的优势。大兴区农业从业者的素质、能力和技能,一定程度上为保证大兴区农业产业结构升级提供了充足动力。

表2.4 大兴区农业生产经营人员数量和结构

指标	大兴区	
	人数(名)	比重(%)
农业生产经营人员按受教育程度划分	—	—
未上过学	938	1.4
小学	10585	16.3
初中	42458	65.4
高中或中专	9023	13.9
大专及以上	1873	2.9

注:表中数据引自北京市大兴区统计局进度数据

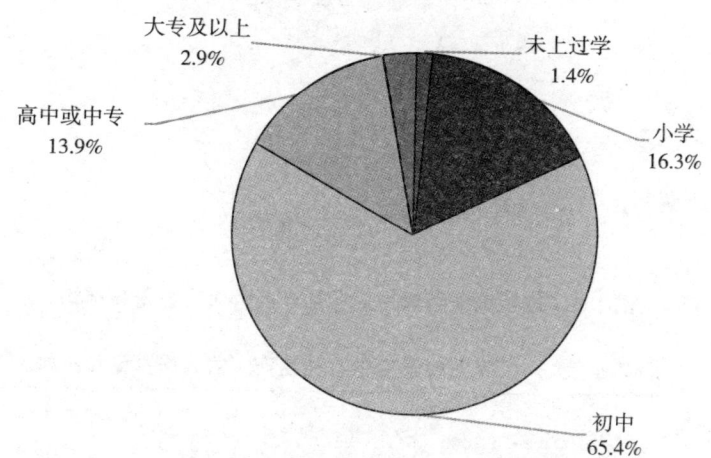

图2.4 农业生产经营人员数量和结构

表2.5 大兴区规模农业经营户农业生产经营人员数量和结构

指标	大兴区	
	人数(名)	比重(%)
农业生产经营人员按受教育程度划分	—	—
未上过学	12	0.8

(续表)

指标	大兴区	
	人数（名）	比重（%）
小学	251	16
初中	1075	68.4
高中或中专	169	10.8
大专及以上	64	4.1

注：表中数据引自北京市大兴区统计局进度数据

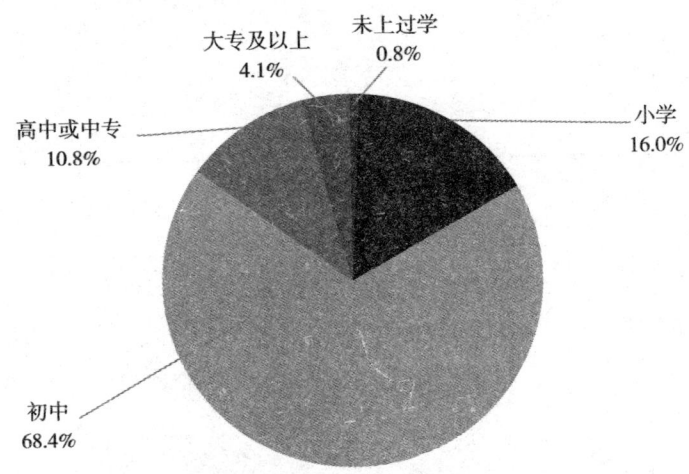

图 2.5 规模农业经营户农业生产经营人员数量和结构

表 2.6 大兴区农业经营单位农业生产经营人员数量和结构

指标	大兴区	
	人数（名）	比重（%）
农业生产经营人员按受教育程度划分	—	—
未上过学	131	1.4
小学	806	8.5
初中	5911	62.3
高中或中专	1678	17.7
大专及以上	964	10.2

注：表中数据引自北京市大兴区统计局进度数据

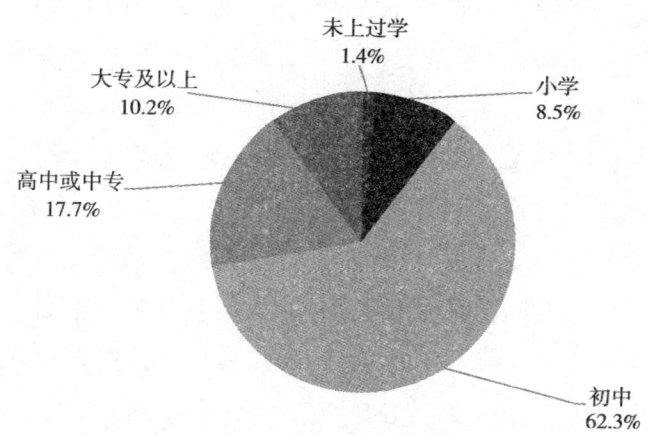

图 2.6 农业经营单位农业生产经营人员数量和结构

2. 完善的基础设施

完善的农业基础设施,是实现农业产业快速发展的前提。地区基础设施建设水平较低是阻碍农业产业结构调整与经济发展的原因之一。农村产业结构不合理,在很大程度上与农村水利、交通、水电等设施不配套这类生产条件没有得到根本改善有直接关系。农村办企业,人才、资金、技术固然是必备条件,但是没有电力、交通、通信等配套基础设施,企业就难以生存和发展。长期存在的农产品流通不畅,虽与农产品市场发育程度和流通体制有关,但是与仓储、交通、信息等硬件建设跟不上也有密切关系。农业基础设施建设滞后,供给不足,已经成为影响农村经济发展、制约农村需求增长的重要原因之一。

加强农业基础设施建设,应突出抓好水利工程、生态工程、农村公路、仓储设施、农村电网、信息通道等建设。把这些重点的农业基础上设施建设好,一方面可以提高农业综合生产能力,培育新的农民经济增长点;另一方面可以扩大农村市场需求,拉动工业经济增长。农业基础设施建设,是发展农业生产,增加农民收入、扩大农村需求,拉动经济增长的结合点。

根据2016年大兴区"三农"普查数据公报，2016年末，通电、通电话的村均达100%；安装有线电视、通宽带互联网的村均达100%；112个村通天然气，占22.2%；270个村有电子商务配送站点，占53.5%。2016年年末，在505个村级单位地域范围内，通公路、通电的村均达到100%；112个村通天然气，占22.2%；270个村有电子商务配送站点，占53.5%。生活垃圾采取集中处理或部分集中处理的村达100%；136个村生活污水集中处理或部分集中处理，占26.9%；468个村完成或部分完成改厕，占92.7%。2016年年末，在14个镇域范围内，2个镇有火车站，占14.3%；13个镇有高速公路出入口，占92.9%；集中或部分集中供水、生活垃圾集中或部分集中处理的镇均达到100%。通过上述统计数据，我们可以得出结论，大兴区已经通过加强重点基础设施建设，把农业基础设施建设提高到一个新的水平。

二、大兴农业产业的劣势

随着互联网的飞速发展，推动农业与互联网、大数据、云计算等技术的协作、融合，已经成为趋势。增加农民与市场的信息交流，发展线上交易平台，是解决市场信息不对称、农产品滞销问题，提升农民收入的有效办法。

根据大兴区"三农"普查数据公报，截至2016年年末，在农业生产经营户中，通过互联网销售商品或对外提供服务的有410户，其中规模农业经营户有8户。在农业生产经营单位中，通过电子商务销售农产品的有38家，占有经营的全部农业生产经营单位的8.4%；销售金额1239万元，占销售收入总额的0.8%。通过上述数量和占比数据可以看出，在推动"互联网+农业"，促进农产品的快速流通这一方面，大兴区处于劣势地位。

农产品电商渠道还有十分巨大的发展空间，大兴区应以区域为单位，依托阿里巴巴、京东等大型互联网企业，利用信息技术搭建起一个由政府或企业进行监管,针对地区内供销商的网络平台。农户或企业可在平台上发布农业技术信息以及区域内的农业供求信息,包括粮油、蔬果、花卉、农机、农资以及农业招商信息等。从而方便、快捷地为农户和企业提供大量准确且具有针对性的供求信息,防止农民和企业的利益流失,扩展农产品的销售渠道。

第五节 小 结

第二章主要分析的是大兴区农业产业发展方向,分别从大兴区农业产业结构、大兴区农业产业发展瓶颈和方向、政策因素对农业产业的发展影响和大兴区农业产业的优势与劣势四个方面进行阐述。第一,以2017年和2018年的农林牧渔总产值数据为基础进行分析,得出农业内部各业产业发展不协调、缺乏龙头企业带领和政府在农业产业结构调整中缺乏财政支持等结论。第二,根据数据列举出大兴区农业产业发展的三大瓶颈:可用土地资源越来越少、农业产业内部结构不均衡、土地承包经营权需要进一步落实等。进而提出大兴区农业产业发展的方向建议:加快土地流转,改变农业生产模式,调整生产结构,优化农业主导产业;加强标准化基地建设,提高农产品质量安全水平;提高运用农业新技术、推广新品种的能力。并从对种植农户进行科学指导、构建乡村振兴新格局、推进农业供给侧结构性改革、全面深化农村改革和加大精准扶贫力度等方面提出具体建议。第三,阐述政策因素对农业产业的发展影响,分别从财政政策、货币政策、畜禽禁养政策和农机补贴政策四个方面进行说明。第四,通过数据分析大兴农业产业的优势主要有以下两方面:农业从业者的学历较高和具备完善的基础设施。劣势在于未充分利用互联网,促进农产品的快速流通。

第三章 大兴区农业产业中劳动力问题

第一节 大兴区农业产业中劳动力发展状况分析

本章是关于劳动力问题的说明,出发点就是劳动力总量和劳动力结构会对农业产业和农业经济发展产生很大影响,劳动力发展状况是影响农业经济发展的一个重要因素。

一、劳动力与劳动力结构

无论在传统经济还是在现代经济中,劳动力都扮演着十分重要的角色,是经济增长的重要源泉。在传统或者早期的概念中,劳动力和从事体力劳动的"劳工"是同样的意思,也就是指代所说的"工人阶级"或产业工人。而根据一般的定义所示,劳动力有广义和狭义之分。其中所说的广义上的劳动力,就是指全部人口,所以广义上的农村劳动力就是农村的全部人口。而另一方面上所说的狭义上的劳动力,则是指具有劳动能力的人口,所以狭义上的农村劳动力就是指具有劳动能力的那部分农村人口。

但目前广泛流传的对劳动力的定义与马克思主义的相关理论中阐述的有所区别。在马克思主义政治经济学中，马克思将劳动力划分为生产部门的劳动者和非生产部门的劳动者。在当今的知识经济时代，脑力与体力劳动者的差别早已不是表现在劳动的本质特征上了。"员工"这一范畴已被企业以及各类组织广泛使用。

在劳动力概念的基础上可以对劳动力结构进行研究。劳动力结构指劳动就业人口在不同产业中的分布，即不同产业的劳动就业人口在总劳动就业人口中所占的比重。劳动力结构一直处于不同的变化之中。劳动力结构变动的基本趋势是：在产业方面表现为农业劳动力向非农转移、乡村劳动力向城镇转移；在职业方面表现为体力劳动者向脑力劳动者转化、低层次体力劳动者向高层次体力劳动者转化、低层次脑力劳动者向高层次脑力劳动者转化。

二、大兴区农业产业中劳动力总量现状

在计划经济时期，我国为发展经济，选择了优先发展重工业的发展战略。重工业是资本密集型的产业，投资的就业弹性比较小，这一时期工业化对农业劳动力的吸纳能力很小，限制了农业劳动力向工业产业的转移，也限制了城镇化的发展。此外，由于严格的户籍制度，农业劳动力被紧紧束缚在土地上，也积攒了大量的剩余劳动力。而在改革开放以后，由于市场经济的发展，城市和农村之间的交流日益频繁，人员流动日益活跃，大量农业劳动力开始向城镇转移，这使得农业劳动力总量出现了较大幅度的变动，劳动力结构也随之改变。

从农业产业中劳动力总量来看，大兴区近十年的劳动力总量变化还是比较明显的，整体总量处于减少的态势。根据北京市统计局公布的《新区（大兴—开发区）统计年鉴2017》提供的数据，2016年大兴区常住乡村人口47.6万人，其中乡村劳动力总量达到36.28万人，而农业产业中的劳动力总量为5.14万人。可见，大兴区农业产业劳动力较少，

农业产业劳动力总体上逐渐流失,农业劳动力不断向着城市或其他产业转移,这是必须要关注的问题。

首先,从整体总量上看,2016年大兴区乡村总劳动力人口达到了36.28万人,其中,第一产业劳动力总量为6.07万人。在第一产业下各个分支产业中劳动力总量情况差异很大,农业产业中劳动力总量为5.14万人,林业为0.53万人,牧业为0.31万人,而渔业仅为98人,如表3.1所示。从比例上看,农业在产业中的劳动力人数占有最大的比例,达到了84.63%,林业为8.74%,而牧业和渔业仅占5.09%和0.16%,如图3.1所示。各产业间劳动力总量的较大差异主要来自于大兴区地理位置的影响——大兴区的地理环境因素更适合发展农业,因此大兴区第一产业中的劳动力主要集中在农业产业之中。

表3.1 大兴区第一产业劳动力总量及占比

各产业	劳动力总量	比例
第一产业	60689	100.00%
农业	51364	84.63%
林业	5305	8.74%
牧业	3088	5.09%
渔业	98	0.16%

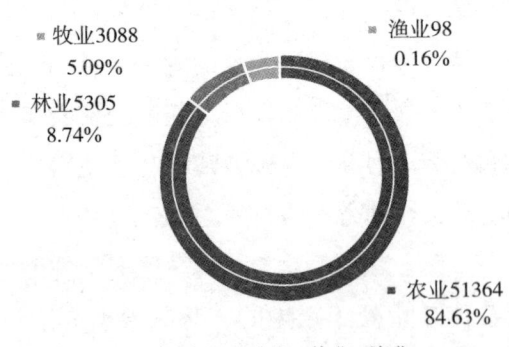

图3.1 大兴区第一产业劳动力总量占比

注:表中数据引自北京市大兴区2017年统计年鉴

其次,从各年度数据上看,2012年到2016年,大兴区第一产业劳动力总量逐年递减,如图3.2所示。2012年大兴区第一产业劳动力总量为87546人,而到了2016年,人数总量已经减少到60689人,减少了26857人,这五年间人数下降了25%左右,降幅较大,说明农业产业劳动力总量流失速度较快。而农业产业中劳动力总量的变动趋势与第一产业劳动力变化相同,也呈现逐年递减的趋势,由2012年的79033人,变为2016年的51364人,减少了27669人,如表3.2所示。从占比上看,2012年到2016年,农业产业中劳动力总量占第一产业劳动力总量的比例也在逐年减少,从2012年的90.28%减少到2016年的84.63%,如图3.3所示。占比减少这一现象可以用来解释农业产业劳动力减少人数多于第一产业劳动力的减少人数这一现象——有部分从事农业的劳动力转移到第一产业下的其他分支产业中。

表3.2 大兴区农业产业劳动力总量及占第一产业劳动力总量的比重

	2012年	2013年	2014年	2015年	2016年
第一产业	87546	82336	76350	68029	60689
农业	79033	73701	66991	58953	51364
占比	90.28%	89.51%	87.74%	86.66%	84.63%

注:表中数据引自北京市大兴区2013—2017年统计年鉴

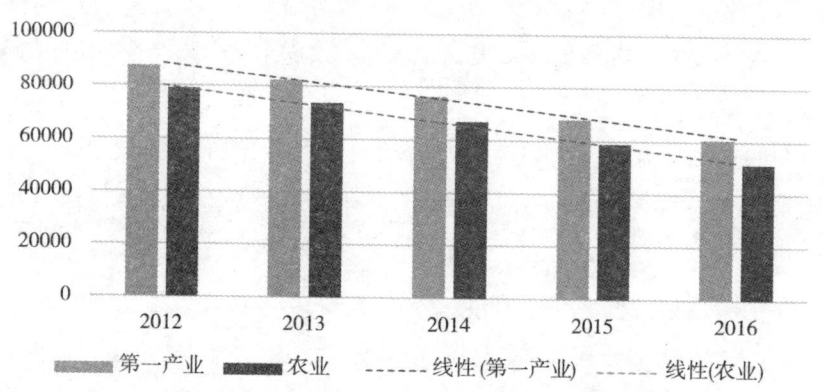

图3.2 大兴区第一产业及农业产业劳动力总量

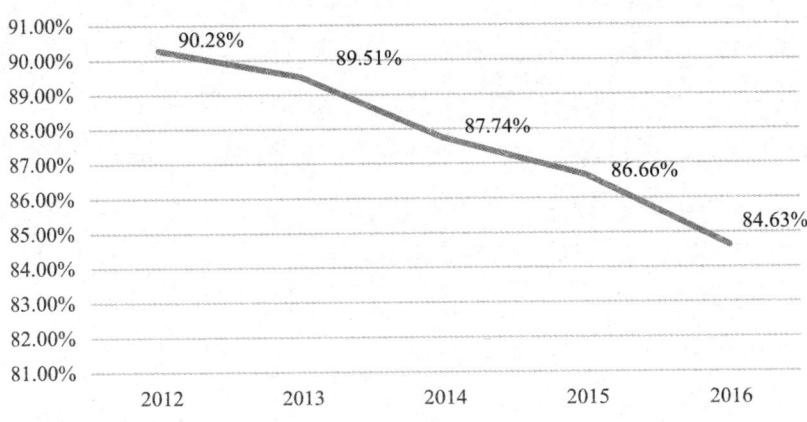

图 3.3 大兴区农业产业劳动力总量占第一产业劳动力总量的比重

三、大兴区农业产业中劳动力结构现状

对于劳动力结构的问题，可以采用更加广泛的数据进行分析，本章在这一部分将采用《北京市大兴区第三次全国农业普查主要数据公报（第五号）》中的关于农业生产经营人员的相关数据进行劳动力结构的分析。根据普查公报提供的数据，2016 年，全区农业生产经营人员 64877 人，其中女性 31012 人。在农业生产经营人员中，35 岁及以下的 6681 人，36 岁至 54 岁之间的 34870 人，55 岁及以上的 23326 人，如表 3.3 所示。

在性别结构方面，大兴区农业劳动力中男性人口占比 52.2%，女性占比 47.8%，如图 3.4 所示。男性劳动力多于女性，但二者比例趋于平衡，相差不大。

在年龄结构方面，年龄在 36 岁至 45 岁之间的人数占比最大，达到 53.7%，其次是年龄在 55 岁及以上的人口，占比为 36%。占比最少的是年龄在 35 岁及以下的人口，占比仅为 10.3%，如图 3.5 所示。这一现象表明，年龄在 36 岁至 45 岁之间的人群是大兴区农业产业中的劳动力主力军,而35岁及以下的劳动力人群逐渐随着城市化和工业的发展,尤其是21世纪后信息科技的发展进入城市或者除农业以外的其他产业之中。大兴区若想要为农业产业经济的发展留住更多的年轻劳动力,就必须要有相关的举措鼓励年轻人留在乡村,为农业产业发展出力。

表3.3 2016年大兴区农业生产经营人员劳动力结构

农业生产经营人员数量及结构		
人员总数	64877	100%
按性别划分		
男性	33865	52.20%
女性	31012	47.80%
按年龄划分		
年龄35岁及以下	6681	10.30%
年龄36岁至54岁	34870	53.70%
年龄55岁及以上	23326	36%

注:表中数据引自《北京市大兴区第三次全国农业普查主要数据公报(第五号)》

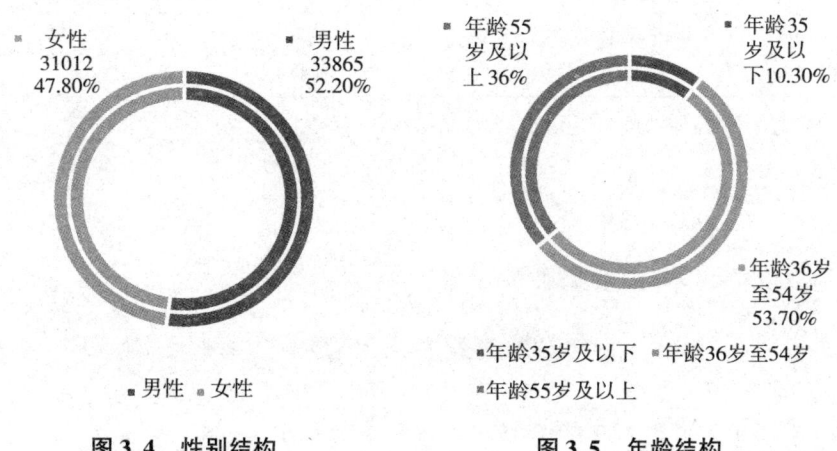

图3.4 性别结构　　　　图3.5 年龄结构

从劳动力人口的受教育程度也就是文化程度上看,2016年大兴区农业产业中有938人未上过小学,占农业劳动力总量的1.4%;文化程度只有小学水平的有10585人,占比为16.3%。这说明大兴区农业产业劳动力中尚有18%左右的人口文化程度较低,这是社会需要注意的问题,提升劳动力人口文化程度可以提高劳动力素质,从而为社会和经济发展增加助力。大兴区农业产业劳动力的文化程度集中在初中水平,有42458人,占比为65.4%,说明受教育水平在初中程度的劳动力人群是大兴区农业产业的劳动力支柱。除此之外,更高学历的人群,包括高中或中专、大专及以上等有10896人,共占比16.8%,如表3.4和图3.6所示。总体上,大兴区农业产业劳动力的文化程度结构呈现中间大两头小的状态,努力提高劳动者文化程度,提高劳动力素质是一项重要任务。此外,受过本科及以上教育的人才是农业产业发展中的稀缺人才,大兴区可通过相应的优待和奖励措施吸引并留住高学历人才。

表3.4 大兴区受教育情况

受教育情况	人数	比例
未上过学	938	1.40%
小学	10585	16.30%
初中	42458	65.40%
高中或中专	9023	13.90%
大专及以上	1873	2.90%

注:表中数据引自《北京市大兴区第三次全国农业普查主要数据公报(第五号)》

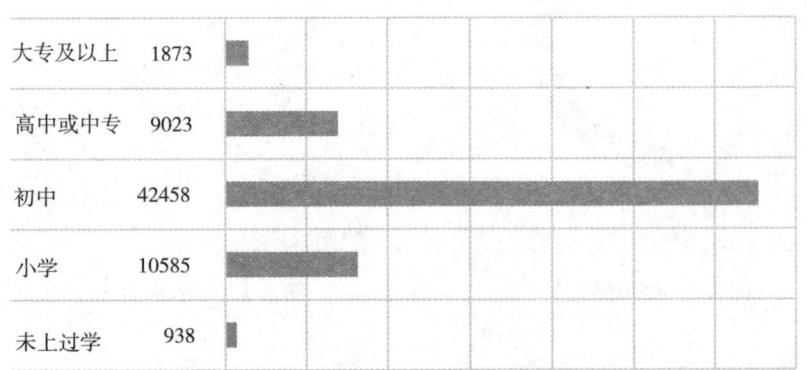

图3.6 大兴区文化程度结构

从不同所属单位的角度来看,可以将大兴区农业产业中劳动力从事工作所属的范畴分为规模农业户和农业经营单位。2016年大兴区规模农业经营户中劳动力总量为1571人,其中女性631人,年龄在35岁及以下的235人,在36岁至54岁之间的1013人,55岁及以上的323人。农业经营单位中劳动力总量为9490人,其中女性4195人,35岁及以下的1256人,36岁至54岁之间的5825人,55岁及以上的2409人,如表3.5所示。

表3.5 2016年大兴区不同单位劳动力总量及结构

规模农业经营户劳动力数量及结构			农业经营单位劳动力数量及结构		
人员总数	1571	100%	人员总数	9490	100%
按性别划分			按性别划分		
男性	940	59.80%	男性	5295	55.80%
女性	631	40.20%	女性	4195	44.20%
按年龄划分			按年龄划分		
年龄35岁及以下	235	15.00%	年龄35岁及以下	1256	13.20%
年龄36岁至54岁	1013	64.50%	年龄36岁至54岁	5825	61.40%
年龄55岁及以上	323	21%	年龄55岁及以上	2409	25%

注:表中数据引自《北京市大兴区第三次全国农业普查主要数据公报(第五号)》

第二节 农业产业发展对劳动力的需求及转移分析

一、产业发展对劳动力的需求

由于不同品种的农作物生长对阳光、温度、水分等自然条件的需求不同,这也就决定了农业生产的季节性特点,因此农业产业发展对劳动力的需求也就呈现出季节性的特点。大兴区的农业产业亦是如此。大兴区春季主要农作物是梨，夏季主要农作物是西瓜，最著名的是庞各庄镇的各个采摘园。秋季的主要农作物是菊花和甘薯，冬季的主要农作物是草莓。不同的作物生长期、种植期都不尽相同，这也就使得产业对劳动力产生了不同的需求。大量研究在探讨相关问题时提到了农业生产的季节性特点，但专门针对农业产业劳动力的季节性需求特征，尤其是针对某一特定地区的农业劳动力需求的研究还较少。

除季节性的特征之外，大兴区农业产业的劳动力需求还呈现出地域性的特征，即不同的镇由于主要经营的农业产品品种不同，而对劳动力的需求也不同。2016年，大兴区的5个地区和9个镇劳动力总量上就有比较大的差异。其中，亦庄地区和旧宫地区属于工业发展地区，没有农业产业，故对农业劳动力的需求为0。在其余12个地区和镇中，劳动力数量最少的是瀛海地区，仅为40人。而最多的是榆垡镇，数量为9990人。可见大兴区不同区域农业产业发展对劳动力的需求不尽相同，部分地区差异很大如表3.6、图3.7、3.8所示。

表3.6 2016年大兴区分区域劳动力在总量及占比

大兴区分区域劳动力总量					
区域	劳动力总量	比例	区域	劳动力总量	比例
亦庄	0	0.00%	长子营	5716	11.13%
黄村	2113	4.11%	魏善庄	3829	7.45%
旧宫	0	0.00%	北臧村	2228	4.34%
西红门	180	0.35%	庞各庄	6979	13.59%
瀛海	40	0.08%	榆垡	9990	19.45%
青云店	5525	10.76%	礼贤	5730	11.16%
采育	4477	8.72%	安定	4557	8.87%

注：表中数据引自北京市大兴区2017年统计年鉴

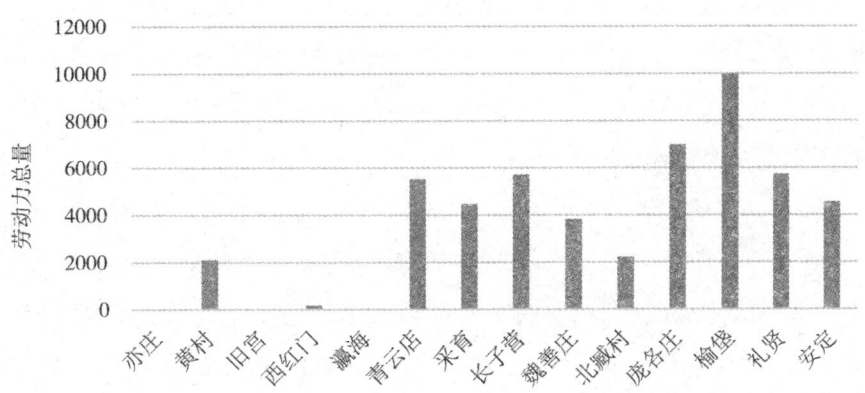

图 3.7　2016 年大兴区分区域农业产业劳动力总量

图 3.8　大兴区分区域农业产业劳动力占比

二、劳动力需求对劳动力转移方向的影响

农村劳动力转移是我国经济发展中十分重要的结构变迁现象,改革开放以来,我国出现了大规模的劳动力转移。针对这个问题,有研究认

为，劳动力并非可以随时转移到非劳动力市场，而是往往受到农业土地、农业资本存量、工业化技术、农业机械化水平等相关因素的限制。此外，还有部分研究认为，农业生产对劳动力需求的特征决定了农业劳动力剩余量的大小和结构。

通过前文的研究我们得出了大兴区农业产业发展对劳动力的需求有季节性和地域性的特征，不同季节、不同地域由于产业发展的侧重不同，对劳动力的需求量也不同。大兴区农业产业对劳动力需求的季节性这一特征对农业劳动力的影响比较直接，主要是表现在剩余劳动力的数量上。大兴区农业产业劳动力需求的季节性特征来自于农业生产的季节性这一根本原因，同时这个特征也是农业劳动力产生兼业行为的一个重要原因，这便使得农业产业劳动力不能够彻底脱离农业生产、放弃兼业行为的一个不可忽视的因素。也就是说由于劳动力需求的季节性，农业产业劳动力会向着兼业行为转移。

具体来讲，农业劳动力转移的难易程度、转移的距离和行业部门等会受到农闲时间的限制。此外，农业生产的季节性影响着农业劳动强度的季节性，也是影响农业季节性剩余劳动力从事其他行业的意愿大小的一个重要因素。大兴区农业产业劳动力需求的季节性特征还导致市场上产生了大量临时转移民工，但与此同时长期转移农工却出现了短缺现象，这就严重地限制了剩余劳动力的转移能力。

另外，就是大兴区农业产业劳动力的地域性特点，不同区域的劳动力总量也引起地域发展特点的不同而有差异。亦庄和旧宫地区由于以第二产业和第三产业的发展，没有农业产业的发展布局，因此农业产业中劳动力总量为0。其他几个镇和街道比较普遍的劳动力规模为4000—5000人，如长子营、青云店、采育和安定。大兴区几个存在农业发展布局的不同区域中农业产业中劳动力规模最大的就是榆垡镇，规模达到了9990人；而劳动力规模最小的则是瀛海地区，总量仅为40人，如表3.7及图3.9所示。大兴区不同区域间农业产业的发展存在差异，导致对劳动力的需求存在差异，这样的差异就决定了不同区域之间和不同产业之间必然存在劳动力的转移，这种转移带来的结果就是农业产业劳动力总量和结构的不稳定，也会导致农业产劳动力的大量流失。

表 3.7 2016 年大兴区分区域农业产业总产值

大兴区分区域劳动力总量及农业总产值					
区域	劳动力总量（人）	总产值（万元）	区域	劳动力总量（人）	总产值（万元）
亦庄	0	0	长子营	5716	41315
黄村	2113	19352	魏善庄	3829	30630
旧宫	0	8236	北臧村	2228	17541
西红门	180	6031	庞各庄	6979	77415
瀛海	40	1175	榆垡	9990	33953
青云店	5525	46722	礼贤	5730	49065
采育	4477	44975	安定	4557	49217

注：表中数据引自北京市大兴区 2017 年统计年鉴

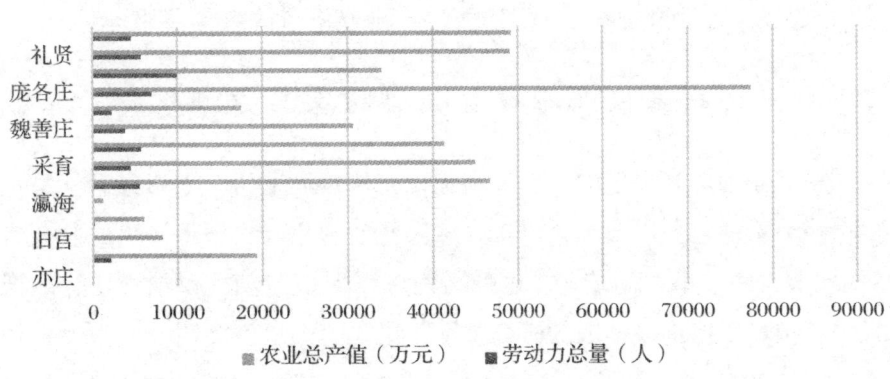

图 3.9 2016 年大兴区分区域农业产业劳动力总量及总产值

第三节 农业人口红利现状对农业经济发展的影响

一、农业人口红利

广泛意义上的"人口红利",是指一个国家的劳动年龄人口占总人口比重比较大,而抚养率却比较低,从而为经济发展创造了一个比较有利的人口条件,使得整个国家的经济呈高储蓄、高投资和高增长的局面。

而农业人口红利则会为农业产业经济增长提供一个较为有利的人口条件和劳动力条件,可以显著地促进经济增长。但不可忽视的现实是,农村人口老龄化使得年轻劳动力的增长率开始放缓,同时,农业产业中单个劳动力需要抚养的人口数量逐渐由下降转为提高。在这样的背景下,整个农业社会的人口红利正在逐渐消失,农业产业经济增长也可能会随之放缓。基于这一机制,如果农村的生育率持续下降对农村经济社会发展起到的作用很小,但限制生育率的政策效应却很强,那么人口政策很可能会导致短期内农业人口红利的消失,从而对农业产业经济增长造成不利影响。

二、大兴区农业人口红利现状及其影响分析

根据美国学者提出的人口红利理论,从本质上讲,人口红利就是在生产与消费的差异以及在人口年龄结构变动的相互作用下产生的总人口"中间大、两头小"的结构,这种结构可以促使劳动力供给充足、减低社会负担。根据许多学者的研究显示,我国的人口红利高峰期大致出现在2012—2013年这个期间,人口红利也被很多学者认为是中国经济持续快速增长的重要原因。

一般而言,人口结构中劳动年龄人口占比的上升是人口红利的来源。

2016年大兴区农村总人口47.6万人，劳动力人口5.14万人，劳动人口占比为10.8%。从各年数据来看，大兴区农村总人口在2012—2016年呈现一个较为稳定的变化状态，没有出现连续增加或者下降的现象，总人数趋于平衡，稳定在46万人左右的水平。但是农业产业中劳动力人口却在这五年中持续减少，由2012年的7.9万人，减少到了2016年的5.14万人。农业劳动人口占农村总人口的比例也呈逐年减少的趋势，由2012年的占比17.4%减少到了2016年的占比10.8%，降幅比较大，如表3.8、图3.10及图3.11所示。这些数据均说明，农业人口红利现象正在逐渐减弱，并可能在未来几年消失。随着整个社会人口老龄化现象愈发严重，甚至可能会出现人口负债。这是大兴区农业产业发展过程中不可忽视的严峻问题。

表3.8 2012—2016年大兴区农村人口及农业产业劳动力总量及占比

	2012年	2013年	2014年	2015年	2016年
农业人口（万人）	45.4	48.7	45.1	45.3	47.6
农业劳动力（万人）	7.90	7.37	6.70	5.90	5.14
占比（%）	17.40%	15.13%	14.86%	13.02%	10.80%

注：表中数据引自北京市大兴区2013—2017年统计年鉴

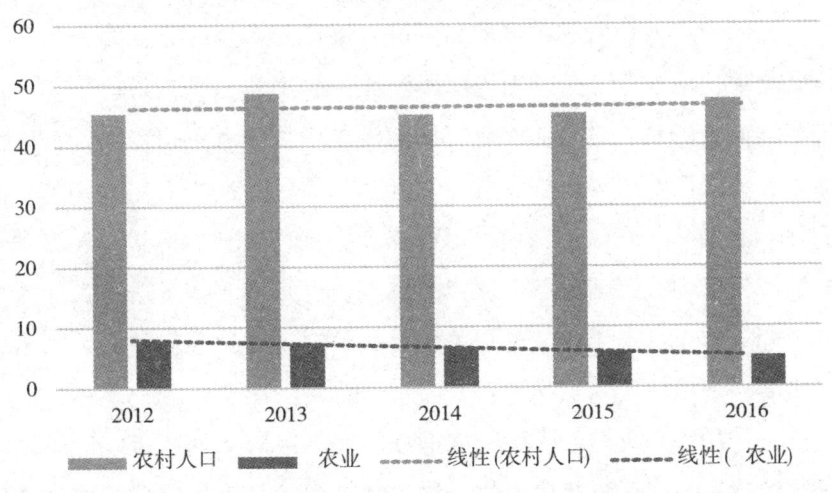

图3.10 2012—2016年大兴区农村人口及农业产业劳动力总量

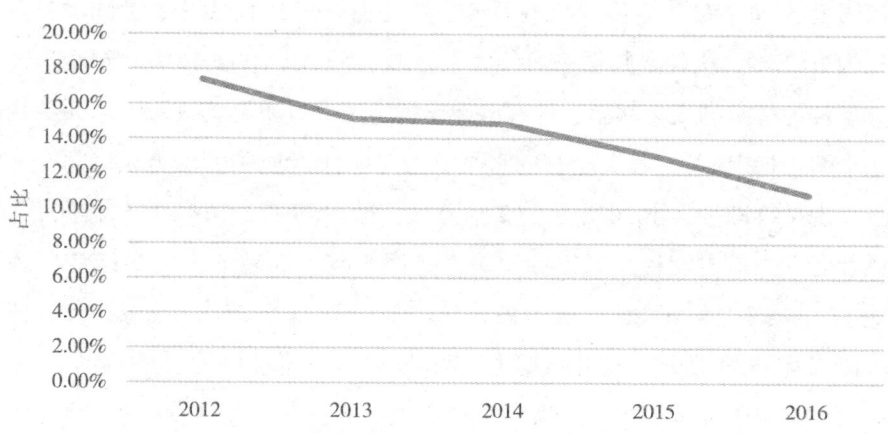

图 3.11 2012—2016 年大兴区农业产业劳动力占农村人口比重

第四节 大兴区农业产业劳动力发展方向建议

大兴区农业人口红利在区域和区域、结构与总量等方面存在着一些问题，呈现出农业产业劳动力人口不断流失且不均衡的发展问题。劳动力人口的流失必然会对农业产业经济的发展产生不利的影响。因此，如何在延长大兴区农业人口红利期的基础上，稳定劳动力总量和结构，减少劳动力流失，并充分挖掘和利用现有农业人口红利的优势，发展农业产业经济，成为大兴区劳动力发展的重点，也是许多学者进行农业人口红利研究的重点。基于前文的相关研究和数据说明，我们站在劳动力发展的角度，提出以下几点建议：

首先，加快完善社会保障制度进程。大兴区应更加积极响应国家政府出台的政策，以促进完善农村人口的社会保护保障制度，给农村人口尤其是农业劳动力人口更加稳定的社会保护，从而逐步减少最终消除劳动人口的流失。同时，通过构建完善的农业产业社会保障体系，还有利于解决农民社会保障、农村儿童教育、农业医疗等社会福利问题，能够起到降低大兴区农业产业劳动力流失的风险的作用，从而达到稳固劳动人口结构优势的目的。

其次，很多劳动力流失的主因是劳动收入的分配机制出现不公平的现象。因此，积极健全公平的劳动收入分配机制，是一项重要的举措。由于国家鼓励多元经济的发展，第二产业和第三产业也不断创收，使得制造业和建筑业中劳动力的收入远远高于农业产业中的劳动力收入，产生了劳动力收入的差距，制造业和建筑业持续不断地吸纳农业产业中的劳动力，导致农业劳动力的流失。为了应对这一现象，大兴区应当利用当前农业发展的优势部分，增强农业产业对劳动力就业的吸纳能力，构建多层次、多渠道的农业经济发展体系，从而逐步缩小城乡劳动力的收入差距，建立起公平的劳动分配机制，以稳定劳动力总量。

最后，落实相关产业种植技术教育制度。大兴区应当为农村剩余劳动力转移创造相对宽松的环境，通过建立农村劳动力种植技术教育长效机制，使农民享有免费或低费的技术培训，成为素质好、产业技能强的劳动力资源，减少因劳动力素质和能力低下而影响到农业产业经济发展，以及自身从业造成的不利影响，从而达到持续增加人口红利优势的目的。

总而言之，我国已经从人口红利高峰期转入衰弱期，大兴区农业产业亦是如此。但是，农业人口红利在促进农业产业经济快速增长方面依然起着至关重要的作用。但是，由于大兴区不同地区经济发展不平衡，使得劳动力转移总量在地区和产业间存在不均衡现象，同时受宏观经济因素的影响，会产生较强的波动性，所以大兴区必须在正确认识到农业人口红利优势的基础上，落实有效应对策略以防范农业产业劳动力大规模流失对农业产业经济发展造成严重冲击。

第五节 小　结

　　本章从实际与现有研究出发，采用全国第三次农业普查数据和大兴区"三农"普查数据公报中的相关数据，采用定性与定量分析相结合等研究方法，重点探析了大兴区农业产业中劳动力总量和结构情况、大兴区农业产业发展对劳动力的需求及转移方向的影响，以及农业人口红利现状对农业经济发展的影响等几个问题。通过分析发现，大兴区农业产业劳动力的总量较少，结构也不均衡；产业发展对劳动力的需求也会受到季节和地域的影响。此外，通过分析可以看出目前大兴区农业产业正处于人口红利的衰弱阶段，如何留住劳动力成为亟待解决的问题。本章较为全面地分析了现阶段大兴区农业产业中劳动力存在的问题，并给出了有一定建设性的意见。

第四章　解决大兴区"三农"问题的政策建议

第一节　政府层面

一、实施精准扶贫，注重提高脱贫质量

要发挥制度优势，强化党政一把手负责的责任制，无论是地方还是中央，无论是贫困地区还是发达地区，无论是扶贫的专业部门还是各机关单位，都有责任和义务。当前，我国脱贫攻坚任务艰巨繁重，很多深度贫困地区脱贫成本高、难度大、见效慢，一些已经脱贫的地区基础也比较薄弱。

经过几年来的扶持，大兴区部分建档贫困户、贫困村虽然已经陆续脱贫，但对他们不能一扶了之，而是要"扶上马，送一程"，继续实施现行的扶持政策，把脱贫的基础搞扎实，对剩下的贫困户和贫困村要集中力量打攻坚战，尤其是要重点攻克深度贫困地区的脱贫任务。

二、抓住三个字——人、地、钱

从"人"来看，就是要在继续推动农业人口转移进城、降低乡村人口占比的同时，注重解决农村人口和农业劳动力的老龄化问题，引导部分农民、农民工返乡；引导来自农村的大学生回乡；引导在城市长大的科技人员下乡，到农村去创业，高起点发展现代农业、乡村休闲旅游养老等产业。

从"地"来看，就是要巩固和完善农村基本经营制度，深化农村土地制度改革。对农用地而言，保持土地承包关系稳定并长久不变，第二轮土地承包到期后再延长三十年，这跟实现强国目标的时间点相契合，既给农民吃了定心丸，又给建成社会主义现代化强国时再研究新的土地政策留出空间。对宅基地经营性和公益性的集体建设用地而言，要从长远考虑，根据未来乡村振兴的需要，逐步盘活，用出效益来。

从"钱"来看，就是要广辟来源，多措并举，按照坚持农业农村优先发展的理念，配置公共资源优先向"三农"倾斜。坚持农业农村优先发展的理念，不能只停留在文件上、口头上，要贯穿于乡村规划制定的过程中，贯穿于有关政策制定的过程中，把发展普惠金融的重点放到农村，加强对乡村振兴的金融支持，引导社会资本共同参与乡村的振兴。

第二节　人员层面

由于农民的知识储备有限，可能会出现对市场把握不准确、盲目跟风种植的情况，易造成供求关系不对应、农民的收入没有保障等威胁。

一、培养懂农业、爱农村、爱农民的"三农"工作队伍

要拓宽农村选拔吸纳干部人才渠道，坚持以主导产业为依托，加大各类经济合作组织的组建和合作力度，将人才分门别类进行纵横连线，构建农村实用人才网络体系，真正把人才凝聚起来，形成人才队伍优势。要实行分类递进培训，加强产业和人才需求对接，为干部人才队伍"强筋壮骨""加油充电"。要加大乡土人才培养力度，在优惠政策、技术培训、信息服务、项目申报等方面倾斜支持。要开展农村实用人才"传帮带"，助力"脱贫攻坚"，提高农村实用人才服务群众的能力和水平。

只有真正热爱农村、了解农村，把农民当亲人，把农村当家乡，才能更好地建设农村、发展农业、富裕农民。也只有充满感情，才能绽放热情、满怀激情，真心真情为农民办实事、解难事。有了这么一支队伍的支持和帮助，农民的发展就有了方向，收入也能有了保障。

二、加大农民培训力度，提高农民综合素质

农民作为农业技术推广的直接服务对象，他们对农业生产新技术的接受和应用情况直接影响农业技术的推广工作的开展和农业生产水平的发展。为更好地发挥农民的辐射带动作用，壮大种植能手队伍，应加大对农民的培训力度，促进知识技术更新。为满足农民多元化、个性化的需求以及现有区镇农技员知识的短板，这就需要我们采取多样化的培训内容和有效的培训方式方法，来提高农民的综合素质，如不定期或定期举办田间现场观摩、技术专题培训等，开阔农民眼界，丰富农民生产新知识新技术。另外，加大农民与专家的联系力度，深入实地面对面地交流解决各类技术问题。这样的培训机会增多，涉及的理论知识和操作技能也就增多，无论是综合素质还是技术水平均有所提高，有效地帮助了

农民增产增收。

另外，由于目前部分农民的文化程度低、年龄普遍偏大、接受新鲜事物慢，这是造成科技成果转化慢的一个重要因素。因此，高度重视农民的文化科技教育、加强对骨干农民的技术教育、实施农村人才资源开发战略是解决这一问题的有效方法。

第三节 信息技术层面

农村的经济相比于城镇地区，有一定的落后，这也导致了他们对新事物的接受力和承受力相对较低，他们可能喜欢墨守成规，不愿意轻易作出改变，也不敢随意去尝试新挑战。但这也同时限制了他们的眼界，增加了不必要的成本支出。

一、拓宽"互联网+"的应用

"互联网+"与农业的融合有助于创新农产品的流通模式，从而解决时间和空间上的局限。互联网信息技术加快了农产品信息的传播，帮助农民解决农业生产、农产品销售等阶段的信息不对称问题，从而减少农民的损失。同时，"互联网+"与农业的结合催生了种类繁多的从事农产品销售的电商平台，各不相同的电商平台使消费者拥有多种消费选择，在购买时间、农产品品种、来源和销售渠道上都有更多的选择性。电子商务的发展带动物流业的飞速发展，进口产品和反季的蔬菜逐渐走进社会普通民众的生活中，而且价格也日益平民化，被广大人民群众所接受。

正是得益于互联网，消费者的主体地位更加凸显，消费者的自主选择性更强。伴随电子商务发展产生的电商平台，农户、农产品经销商，借助这些农产品电子商务平台销售农产品，这些平台在交易、支付、配送等多个环节都实行一站式服务，减少了中间环节，从而为这些主体都降低了交易的成本，增加了他们的收入或者利润。"互联网+"的应用已经渗透到农产品农业产业链的各个环节中，这种"互联网+农业"的模式拥有储藏、运输、交易等多种功能，依托互联网的先进技术，实现农产品的线上线下交易。这种模式必将改变传统农业的流通方式，降低农产品运营的成本。

二、壮大电商经营主体

健全完善电商运营中心组织架构，推进电子商务服务站的建设，充分利用村级便民服务中心、小商超等现有资源，大力开展"电子商务进村"工程。加强与农户的沟通与交流，运用电商引流的方式，吸引种植户入驻电商平台，达到村村都有特色产业的效果。

对条件不具备开店要求的贫困户，通过邮政电商部门工作人员进行专业性指导，帮助开设网店或者帮助代销农产品。政府部门实行"一对一"挂钩帮扶，争取每户贫困户都有正常运营的网店。

电商经营主体发展到一定规模时，整个村便会滋生出适合电商生根发芽的土壤。久而久之，产业链随之进入良性发展阶段。

第二部分
大兴区乡村旅游产业发展趋势研究

第五章　大兴区乡村旅游发展现状分析

乡村旅游，狭义上是指在乡村地区，以具有乡村性的自然和人文客体为旅游吸引物的旅游活动。因此，乡村旅游的概念包含了两个方面：一是发生在乡村地区，二是以乡村性作为旅游吸引物，二者缺一不可。[①] 大力发展乡村旅游有利于增加农产品附加值，提高农村居民生活水平，改善农村面貌和生活环境，优化区域产业结构，促进经济增长。农业资源是发展乡村旅游的依托，因此，我们首先概述一下大兴区的农业资源发展状况。

第一节　大兴区农业资源发展现状分析

北京市大兴区位于北京市南部，全区1040平方公里，农业基础深厚，区位优势明显，素有"京南门户""绿海甜园"之称。

一、大兴区果园面积规模化明显

根据大兴区统计局发布的数据，2016年，大兴区果园面积分布在长

[①] 何景明、李立华：《关于"乡村旅游"概念的探讨》，载《西南师范大学学报》（人文社会科学版），2002年第5期，第125—128页。

子营、魏善庄、北臧村、庞各庄、榆垡、礼贤、安定、采育、青云店、黄村等10个乡镇，果园面积均在1000亩以上，其中庞各庄镇果园面积最大，达22998亩；榆垡镇达10570亩；安定镇达9634亩。上述三镇是全区乡镇中果园面积较大的乡镇，拥有丰富的农业休闲旅游资源，规模化较为明显。如图5.1所示。

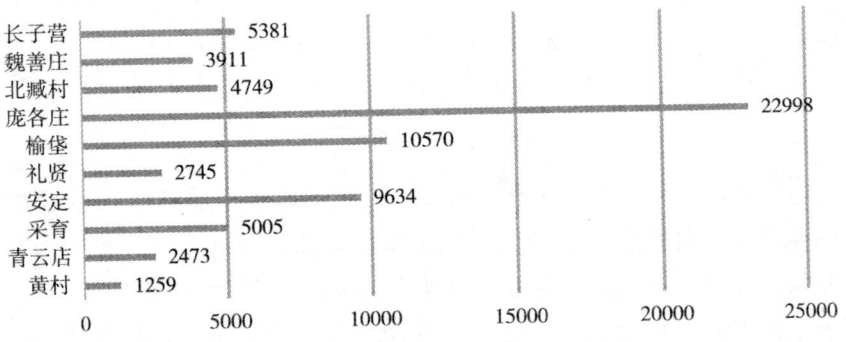

图 5.1 分镇果园面积（亩）

数据来源：大兴区统计局

二、设施瓜类面积分布较为集中

设施农业也被称为可控农业，其主要是通过棚室、自动控温室以及日光节能温室，利用人工或电脑对栽培农作物进行控制，使其土壤、水分、肥料、空气、光照等因素都调整至促进农作物生产的最佳状态，进而有效提升农作物的产量与质量。① 设施瓜类是设施农业中的重要部分，瓜类采摘是发展乡村旅游的重要部分，具有休闲观赏和经济价值。根据《大兴区2017年统计年鉴》数据显示，2016年，分镇瓜类面积涉及长子营、魏善庄、北臧村、庞各庄、榆垡、礼贤、安定、采育、青云店、

---

① 朱晶桓：《浅谈设施农业存在的问题及相关技术》，载《农民致富之友》，2017年第10期，第113页。

黄村等10个乡镇，其中庞各庄镇瓜类面积最为集中，达23847亩，占全区瓜类面积的73.39%，在全区瓜类面积中占有绝对比重。如图5.2所示。

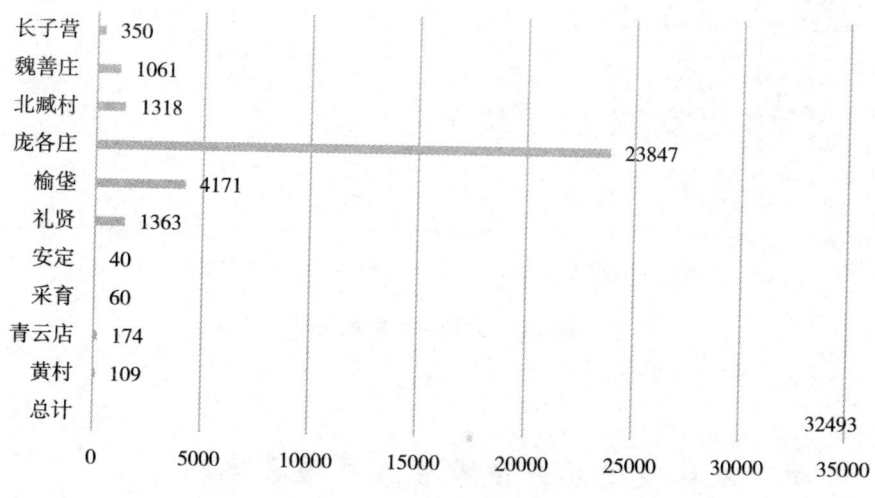

图 5.2　分镇瓜类面积（亩）

数据来源：大兴区统计局

三、设施蔬菜面积规模较大

设施蔬菜是现代都市农业和设施农业的重要组成，大兴区近年来重视发展现代都市农业，促进设施种植农业的快速发展。根据《大兴区2017年统计年鉴》数据显示，2016年，大兴区设施蔬菜面积合计168456亩，其中青云店镇和长子营镇分别为57176亩和32021亩，两镇合计共89197亩，占全区的53.0%。设施蔬菜面积过万亩的包括北臧村镇14706亩、礼贤镇12544亩、采育镇11885亩、安定镇11165亩、庞各庄镇10819亩。全区10个设施蔬菜种植的乡镇中，设施蔬菜面积超过万亩以上的共7个乡镇，全区设施蔬菜面积规模较大。如图5.3所示。

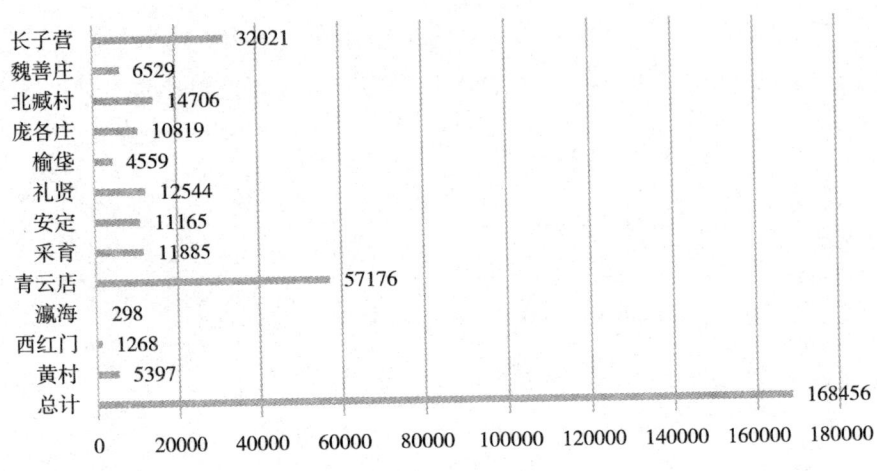

图 5.3　分镇设施蔬菜面积

数据来源：大兴区统计局

四、农林牧渔总产值中农业产值占比较高

根据大兴区统计局发布的《大兴区 2017 年统计年鉴》数据显示，2016 年农林牧渔业总产值为 488175 万元。2016 年，农业总产值 239759 万元，占农林牧渔业总产值的 49.1%；林业总产值 85222 万元，占农林

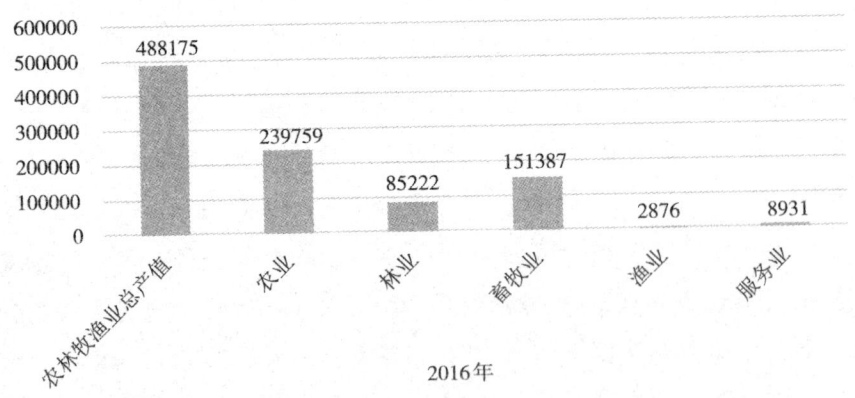

图 5.4　农林牧渔业总产值（万元）

数据来源：大兴区统计局

牧渔总产值的 17.46%；畜牧业总产值 151387 万元，同比减少 12.02%；渔业总产值 2876 万元，同比减少 4.3%；服务业总产值 8931 万元，与 2015 年基本持平。总体来看，2016 年农林牧渔总产值以及各构成部分产值均出现不同程度的减少或基本持平，减幅较为明显。如图 5.4 所示。

第二节 大兴区农业观光园发展现状

农业观光园是以农业资源为核心依托，以旅游功能为核心展示，借助科技、相关辅助设施等进行创新性的规划、设计，从而形成的集聚科技示范、旅游观光、科普教育以及休闲娱乐功能于一体的综合型园区。

一、大兴区农业观光园基本情况

2016 年大兴区共有农业观光园 97 个，2016 年生产高峰期从业人员 3696 人，接待人次达 154 万人。生产高峰期的从业人员数量减少，但是接待人次出现增长，同比增加三成，反映了观光园的接待能力有所提升。据大兴区统计局官网发布信息可知，2016 年 1—9 月份全区观光园总收入比 2015 年同期略减，受雹灾影响采摘量和采摘收入有不同程度减少。如表 5.1 所示。

表 5.1 大兴区农业观光园接待人次

项目	2016 年
农业观光园个数（个）	97
生产高峰期从业人员（人）	3696
接待人次（万人次）	154.0

数据来源：大兴区统计局

根据大兴区旅游发展委员会发布的信息，2017 年大兴区新业态园区涉及瀛海镇、采育镇、北臧村镇、魏善庄镇、黄村镇、青云店镇、礼贤镇、庞各庄镇、安定镇、长子营镇、榆垡镇等11个乡镇，共有园区82个，主要以观光园采摘、垂钓等休闲旅游园区为主。其中，庞各庄镇新业态园区数量在分镇中数量最多，共有14个；魏善庄镇、长子营镇各有新业态园区12个；安定镇有新业态园区10个。庞各庄镇、魏善庄镇、长子营镇和安定镇的新业态园区总共48个，占全区总量的58.5%，四镇的乡村旅游资源较为丰富。如图5.5所示。

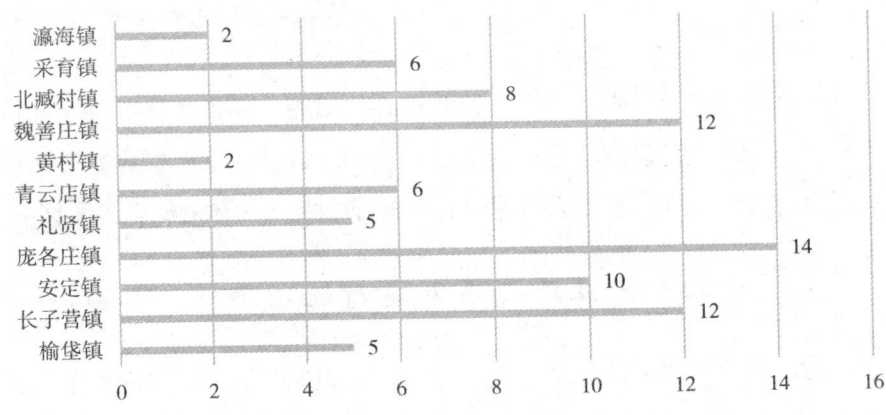

图 5.5　2017 年大兴区新业态园区名单（个）

数据来源：大兴区统计局

二、民俗旅游经营接待户情况

2016年大兴区从事民俗旅游实际经营接待户共有452户，其中经营户96户，民俗旅游接待人次42.8万人，整体保持稳定；2016年民俗旅游总收入1737万元，总收入水平稳步提高。如表5.2所示。

表 5.2　大兴区民俗旅游经营接待户

项目	2016 年
从事民俗旅游实际经营接待户（户）	452
从事民俗旅游接待的人数（人）	

(续表)

项目	2016年
民俗旅游接待人次（万人次）	42.8
民俗旅游总收入（万元）	1737

数据来源：大兴区统计局

大兴区星级民俗接待户主要以民俗旅游和餐饮类为主。根据大兴区旅游发展委员会发布的信息显示，2017年，大兴区星级民俗接待户共138户，涉及长子营镇、采育镇、安定镇、庞各庄镇、礼贤镇、榆垡镇、魏善庄镇、青云店镇和北臧村镇等9个乡镇。榆垡镇有星级民俗接待户72户，占全区总量的52.2%。如图5.6所示。

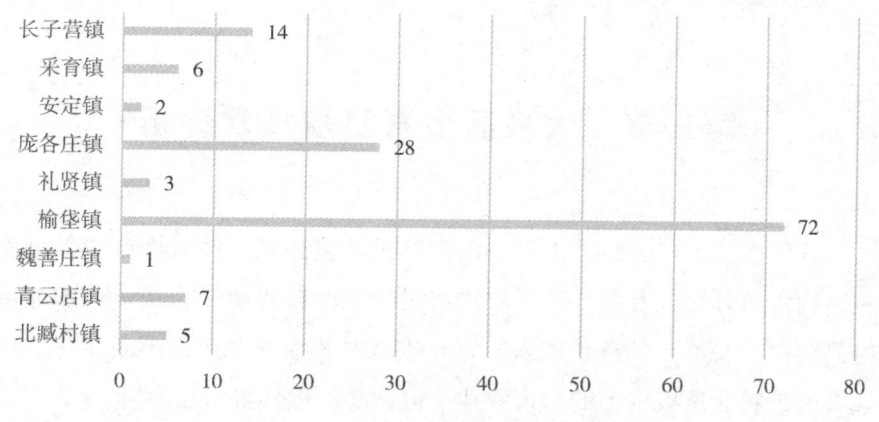

图5.6 大兴区星级民俗接待户（个）

数据来源：大兴区统计局

根据大兴区统计局官网数据显示，2016年1—9月份民俗旅游户总收入达1425.9万元，同比增加26.1万元，增长1.9%。其中餐饮业是民俗收入的主要构成部分，餐饮收入达1143.9万元，占民俗旅游收入的80.2%。出售加工自产农产品逐步获得消费者认可，2016年1—9月份，民俗户出售加工自产农产品收入达到267.5万元，同比增长45.2%。见图5.7。

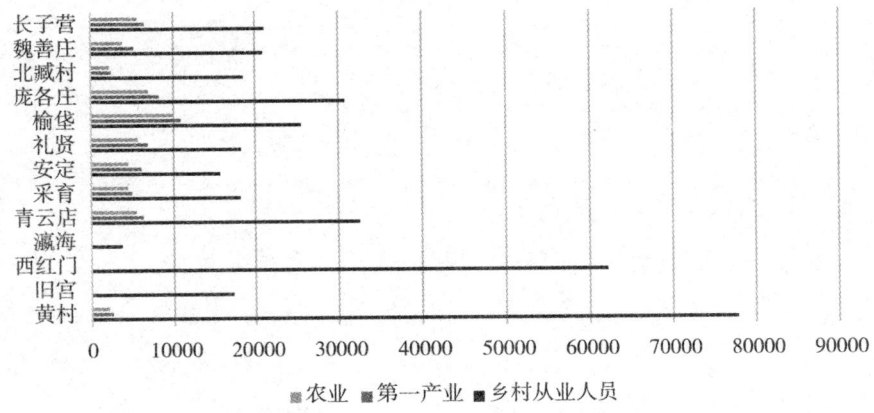

图 5.7 大兴区民俗旅游经营情况

数据来源：大兴区统计局

第三节 大兴区乡村发展现状分析

近年来，大兴区制定出台一系列针对性强的惠农政策措施，促进农业结构转型升级，有效推动了农村居民收入的较快增长。随着"农业供给侧结构性改革"的逐步深入，近年来农林牧渔业总产值不断减少，代表着先进农业发展水平的都市农业产值占总产值比重持续上升。

一、大兴区乡村从业人员中从事农业的人员情况

2016 年，大兴区乡村从业人员合计 362814 人，其中从事第一产业人员 60689 人，占乡村从业人员总数的 16.7%；农业从业人员 51364 人，占乡村从业人员总数的 14.2%，所占比重较少。全区分镇中，黄村、西红门、瀛海、青云店、采育、安定、礼贤、榆垡、庞各庄、北臧村、魏善庄、长子营等 12 个乡镇有从事第一产业和农业的乡村从业人员，其中榆垡镇的第一产业从业人员在分镇中最多，达 10875 人，西红门镇和瀛海镇较少，分别为 180 人、40 人。如图 5.8 所示。

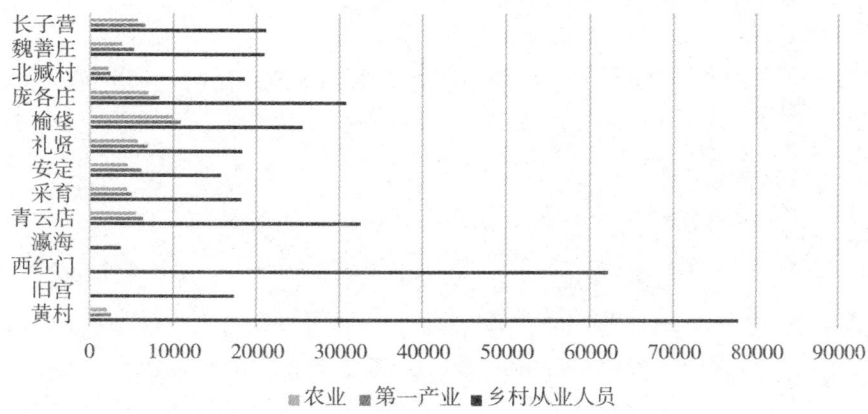

图 5.8 大兴区分镇乡村从业人员（人）

数据来源：大兴区统计局

二、全区法人单位农林牧渔业平均工资情况

根据大兴区统计局发布的《大兴区 2017 年统计年鉴》数据显示，2016 年农林牧渔业从业人员平均工资 58079 元，高于居民服务、修理和其他服务业，住宿和餐饮业，交通运输、仓储和邮政业。近年来随着现代都市农业的快速发展，设施种植业比重和总产值持续增长，农林牧渔业从业人员平均工资水平也在稳步增长。如图 5.9 所示。

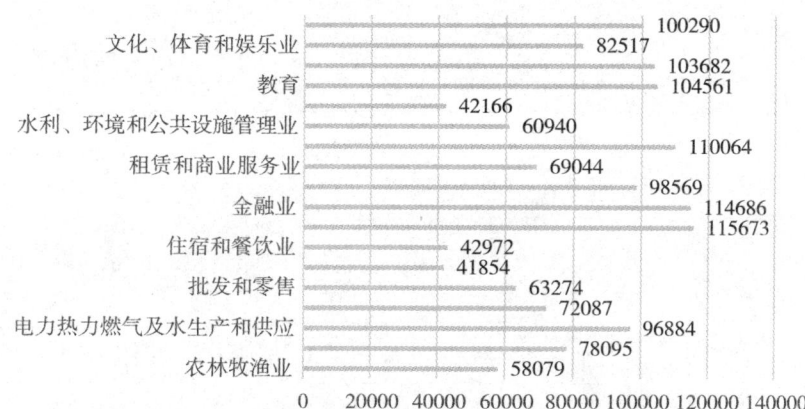

图 5.9 全区法人单位从业人员平均工资（元）

数据来源：大兴区统计局

三、大兴区农村居民家庭人均可支配收入情况

根据大兴区统计局发布的《大兴区 2017 年统计年鉴》数据显示，2016 年全区农村居民家庭人均可支配收入合计 19556 元；其中工资性收入 15771 元；经营净收入 2455 元。第三产业经营净收入 1717 元，第三产业经营净收入占经营净收入占经营净收入的 70%，所占比重较高。整体来看，生产性收入中，除牧业收入和第二产业经营净收入出现大幅减少外，其他收入均出现增长。如图 5.10 和表 5.3 所示。

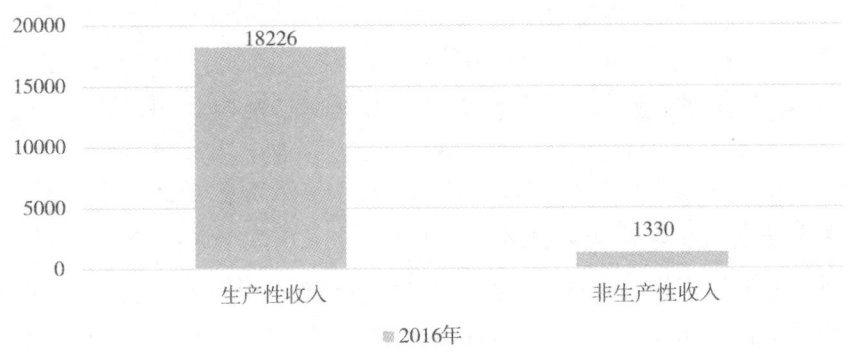

图 5.10　大兴区农村居民家庭可支配收入（元）

数据来源：大兴区统计局

表 5.3　2016 年大兴区农村居民家庭人均可支配收入

项目		收入
工资性收入（元）		15771
经营净收入（元）	第一产业经营净收入	685
	牧业收入	41
	第二产业经营净收入	53
	第三产业经营净收入	1717
	交通运输仓储和邮政业	875

(续表)

项目		2016年
	工资性收入（元）	15771
非生产性收入（元）	财产净收入	1312
	转移净收入	18

数据来源：大兴区统计局

第四节 大兴区乡村旅游基础设施建设状况分析

旅游资源是吸引旅游者到旅游地旅游的首要要素，但是旅游地配套的基础设施，也是提高游客满意度，进行二次旅游的重要要素。近几年，大兴乡村旅游业快速发展，但是配套的基础设施还跟不上乡村旅游发展的速度，导致旅游者满意度不高，为了更好地满足旅游者的需求，政府及各级主管部门要重视对旅游配套基础设施的改善，应该不断地完善和健全食、住、行、游、购、娱六要素的配套项目的建设。

一、交通通信类基础设施建设

据2016年大兴区统计年鉴数据统计，大兴区公路里程为2818.2公里，国道总里程为187.7公里，国家高速公路为92.2公里，省道为170.8公里，县道为405.6公里，乡道为1019.7公里，专用公路为125.6公里，村道为908.8公里。公共交通运营线路条数为61条，线路长度为1624.1公里，运营车辆数为912辆，客运量为2.14亿人次。接驳车运营线路条数26条，线路长度为80.8公里，运营车辆数150辆，客运量为285.48万人次。新能源出租车运营车辆数为500辆，客运量为305.0万人次。公共自行车站点数410个，车辆数17000辆。2016年大兴区道路运输业总投资额为702623万元，占全社会基础设施投资比重为23.2%，电信、广播电视和卫星传输服务总投资额为2818万元，占全社会基础设施投资比重为0.1%。

据大兴区旅游发展委员会数据统计显示，目前南五环、南六环、京台高速、京开高速、南中轴路、106国道贯穿大兴镇区，4号地铁线、大兴线和亦庄线南北纵贯市中心区并连接南郊和北郊，另有新机场线和新机场北线高速也已投入运营。公交出行方面，北京市已采用市政公交"一卡通"（IC卡），实现了全市公交出行数字化，持卡可乘坐大兴区内的各条公交线路及地铁。大兴区还拥有黄村火车站和亦庄火车站，驾车到北京南站仅需30分钟，到北京西站仅需45分钟。此外，北京大兴国际机场，又称北京第二国际机场落户大兴，新机场是一座超大型国际航空综合交通枢纽，吞吐量将达到1亿人次。

二、服务类基础设施建设

据2016年大兴区统计年鉴数据统计，2016年大兴区住宿行业限额以上经营单位共21家，其中旅游饭店共13家，一般旅馆为8家。按星级评定情况来看，三星级酒店4家，四星级酒店4家，其他13家。餐饮行业限额以上经营单位共37家，其中提供正餐服务企业有34家，提供快餐服务企业有3家。

此外，目前大兴区卫生机构个数为803个，其中医院共43个，社区卫生服务中心站共151个，门诊部为43个。实有床位数为7012张，卫生技术人员数共11423人。全区社区服务机构数403个，从业人员2607人；城镇便民利民服务网点数为877个，社会福利企业单位数36个，银行网点约有20个，旅游咨询站有1个。大兴区公园个数为29个，公园绿地面积共有7625.95公顷，绿地植物实有树木数为1202.27棵，实有草坪面积3321.37万平方米，绿化覆盖率为44.48%，绿地率为41.84%，公共、公用厕所数为898座，新建公共厕所数为50座。城市绿化总投资额为12926万元，公共设施管理业投资额为139847万元。

第六章 大兴区乡村旅游产业市场结构与发展趋势分析

第一节 大兴区乡村旅游产业市场结构分析

大兴区乡村旅游市场包括旅游产品、餐饮住宿、娱乐购物、交通通信、旅游代理服务、基础设施建设等。

一、大兴区农林牧渔业产值比重分析

根据大兴区统计局信息网发布的数据,2017年1—9月份大兴区农林牧渔业总产值达31.67亿元(含首农、含服务业),同比减少12.5%。农业产值15.15亿元,占农林牧渔业总产值的47.84%,产值较2016年同比减少13.2%;林业产值7.08亿元,占农林牧渔业总产值的22.36%,产值较2016年同比增长6.8%;牧业产值8.75亿元,占农林牧渔业总产值的27.64%,产值较2016年同比减少23.5%。如图6.1和图6.2所示。

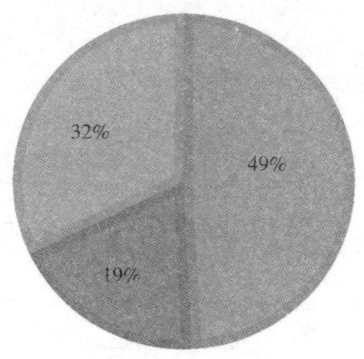

图 6.1　2016 年大兴区农林牧业产值占农林牧渔总产值比重

数据来源：大兴区统计局

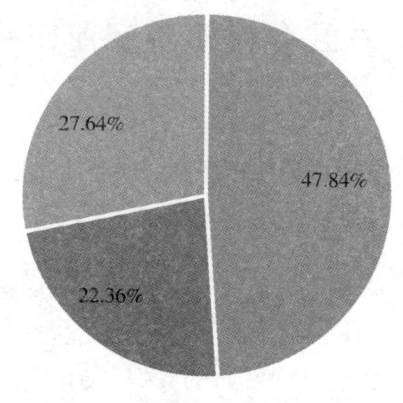

图 6.2　2017 年大兴区农林牧业产值占农林牧渔总产值比重

数据来源：大兴区统计局

二、大兴区乡村旅游产品结构

大兴区乡村旅游产品以农业采摘观光为主，以节事庆典和人文景观为辅。据调研统计显示，目前大兴区共有 66 个农业观光生态园区，主要作物是西瓜、梨、桑葚、葡萄、草莓、月季等。其中采摘型园区为 43 个，占比 65.1%；休闲型园区为 23 个，占比 34.9%。另有 8 处人文自然景观，分别是北京野生动物园、印刷博物馆、中国影视大乐园、弘文博雅艺术馆、泰迪低碳乐园、大兴新城滨河森林公园、南海子麋鹿苑、南海子公园；五类已成规模的节事庆典，分别是西瓜节、桑葚节、葡萄节、梨花节、春华秋实系列活动。如图 6.3 所示。

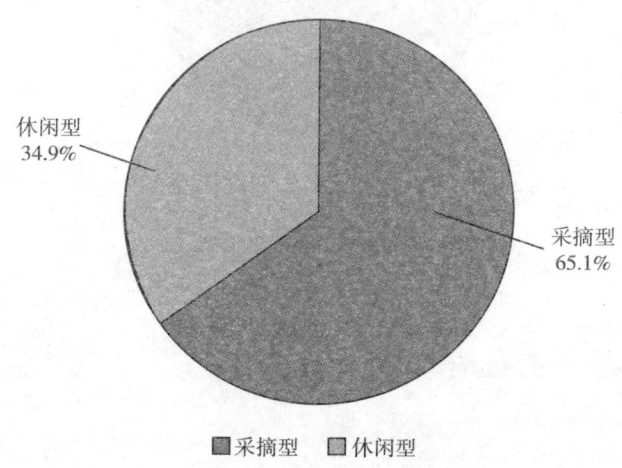

图 6.3 大兴区农业园区类型规模占比

三、大兴区农村经济产业结构

据 2016 年大兴区统计年鉴数据显示，2016 年大兴区农林牧渔业总产值 488175 万元，其中农业为 239759 万元，占总产值的 49.1%；林业为 85222 万元，占总产值的 17.5%；畜牧业为 151387 万元，占总产值的 31.0%；渔业为 2876 万元，占总产值的 0.6%；服务业为 8931 万元，占总产值的 1.8%。2016 年大兴区设施农业播种面积共 208659 亩，其中设施蔬菜为 168456 亩，设施瓜类为 32493 亩，设施果类为 3736 亩；总收入高达

127745万元。2016年大兴区乡村从业人员共362814人,其中第一产业从业人员共60689人,占总人数的17%。如图6.4所示。

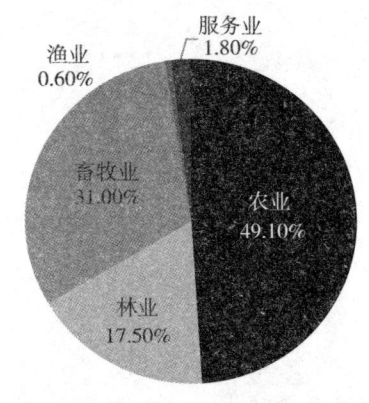

图6.4 大兴区农村产业结构

四、大兴区住宿餐饮结构

大兴区旅游发展委员会数据统计显示,2016年大兴区住宿行业限额以上经营单位共21家,其中旅游饭店共13家,一般旅馆为8家,全行业总营业额为5.2亿元。按星级评定情况来看,三星级酒店4家,四星级酒店4家,其他13家。餐饮行业限额以上经营单位共37家,其中提供正餐服务企业有34家,提供快餐服务企业有3家,全行业总营业额为27.9亿元。按经营内容来看,中式正餐有33家,中式快餐有3家,外国风味正餐有1家。2017年大兴区住宿行业全年营业额为3.5亿元,同比下降23.9%;餐饮业营业额为40.4亿元,同比增36.5%。根据数据来看,大兴区餐饮业发展态势良好,住宿行业经营效益降低,二者总营业额约占据大兴区第三产业生产总值的14%。如图6.5所示。

第二部分 大兴区乡村旅游产业发展趋势研究

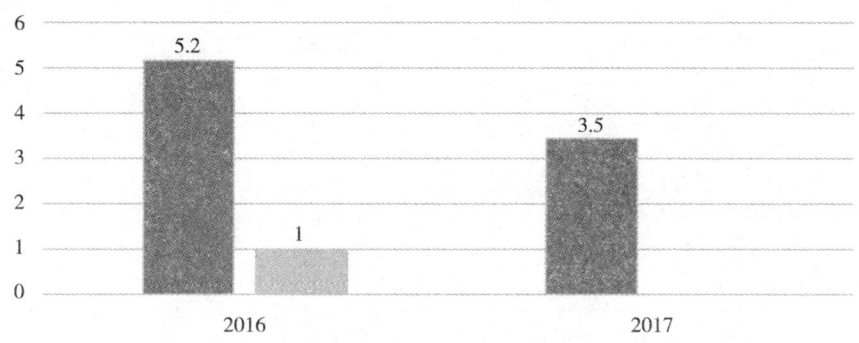

图6.5 大兴区住宿餐饮行业营业额（单位：亿元）

五、大兴区娱乐购物结构

在娱乐游玩方面，大兴区除拥有农业观光园和人文景观外，还拥有4处现代化娱乐景点，分别是中国影视大乐园、北京雪都滑雪场、盘龙翠谷极地冰雪大世界、北京东方世纪骑士俱乐部。在购物消费方面，大兴区目前拥有10处大型购物中心，地理位置均分布在大兴区北部，距离市区较近，旅游景区周围购物场所较少。此外，大兴区自主开发特色乡村旅游纪念品20余种，特色美食宴20余种，大兴特产40余种。数据分析显示，大兴区娱乐购物规模不大，占乡村旅游整体规模的比重较小。如表6.1所示。

表6.1 大兴区各镇乡村旅游特产概况

镇区	特产
青云店	手擀面、石磨面、酱牛肉、排叉、铁棍山药、红薯、花生、野生菌、有机杂粮、野山茶油、大葱
礼贤	西瓜、甜瓜、柴鸡蛋、香油、杂粮、檀香米、橄榄油、黄金梨、易拉罐金属画、鹿血酒
庞各庄	蘑菇、西瓜、甜瓜、甘薯

(续表)

镇区	特产
魏善庄	梨、桃、蘑菇、西瓜、草莓、柴鸡蛋、两头乌、芽苗菜
北臧村	家禽礼盒、西瓜、梨、有机蔬菜
采育	葡萄、桃、杏、梨、柴鸡蛋
榆垡	梨、桃、西瓜、蔬菜
长子营	散叶生菜、樱桃、叶类菜、菜花、美国大杏、桃、草莓
安定	桑葚醋、桑葚酒、酱油、乳品、梨、樱桃、牛、羊肉

六、大兴区旅游代理结构

大兴区旅游发展委员会数据统计显示，目前全区共有9家旅行社、10条精品旅行路线，涵盖了大兴区十大特色小镇，贯穿了12个镇区。游玩路线主要包括农业观光采摘、拓展体验、参观购物、美食宴会、节庆活动等。从整体来说，大兴区旅游代理机构发展不足，没有形成知名的有一定规模的代理机构，对大兴区乡村旅游产业拉动作用不大。如表6.2所示。

表6.2　大兴区旅游线路

特色小镇	镇区	旅游路线
艺术梨花小镇	庞各庄	航天科普教育基地→梨花村→绿兴农场
欢乐西瓜小镇	庞各庄	西瓜博物馆→盘龙翠谷魔幻冰雕亲子乐园→西瓜小镇→静逸清采摘园
美食购物小镇	青云店	"孝心"馒头→东辛屯民俗村或青云大席三八宴→东大屯林下养殖基地→绿得金农业生态观光园或首通田园农业科技园
浪漫月季小镇	魏善庄	世界月季主题园（月季博物馆）→爱情海玫瑰文化博览园（古森林博物馆）→亿水阳光古老月季园（立体书博物馆）

(续表)

特色小镇	镇区	旅游路线
御林古桑小镇	安定	中华耕织文化园→安鑫农业科技示范园→京酿调味品有限公司→前安定民俗旅游村→贾尚精品梨园
湿地生态小镇	长子营	留民营生态农场→呀路古热带植物园→福源冬枣或绿禄生态园、昌兴梨园采摘→赤鲁次生林
温泉葡萄小镇	采育	蝴蝶来野艺术生态乐园→喜山葡萄采摘园或咱家菜园→绿思维生态旅游文化园→金宇黑陶制作基地→融青生态园
绿港休闲小镇	北臧村 黄村	东方世纪骑士公园→兴北翠绿采摘园→燕清农家院→蜜蜂堂生态馆
森林航空小镇	榆垡 礼贤	北京野生动物园或梦幻紫海香草庄园→西麻各庄特色饺子宴或靓味渔村生态饭店→绿园天星采摘园
时尚影视小镇	西红门 瀛海	中国影视大乐园→北京格林摩尔数字农业生态产业园→北京雪莲羊绒股份公司

七、大兴区旅游资源分布结构

近年来大兴区以城市区域为核心，与大兴"三城、三带、一轴、多点、网络化"的总体布局相对应，积极拓展乡村旅游业发展面域。具体依托三大新城：大兴新城、亦庄新城、新航城；打造三条产业带：城市创意旅游带、城市休憩旅游带、城乡互动旅游带；围绕一条主轴：南中轴都市旅游轴；布局四个旅游节点镇：庞各庄镇、魏善庄镇、安定镇、采育镇。在总体发展格局中，依托大兴"八横八纵"骨干交通网络及覆盖全区域的服务网、信息网，重点发展永定河绿色生态发展区域、地铁四号沿线商业休憩及游客集散区域、庞采路综合旅游发展区域。如图6.6所示。

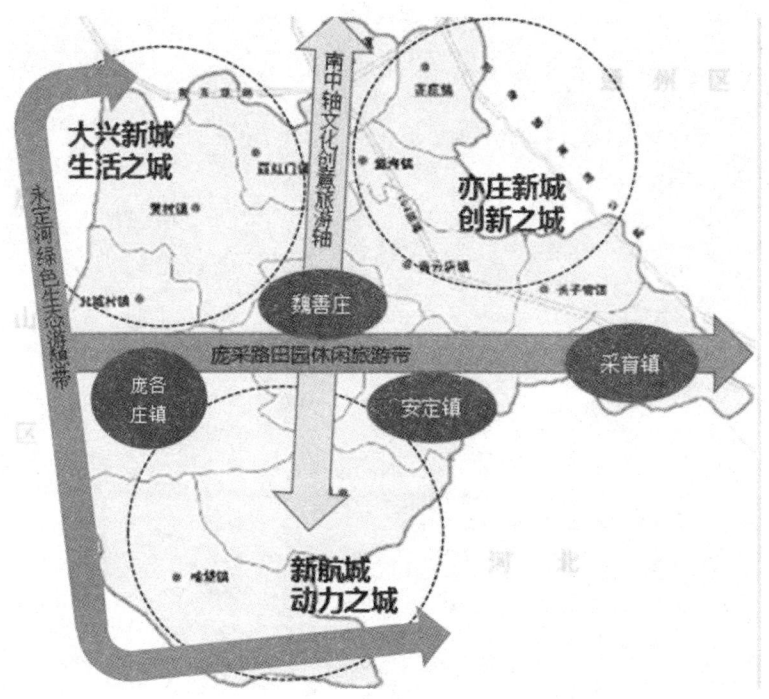

图 6.6 大兴区旅游资源空间分布图

第二节 大兴区农业观光园规模变化情况

一、农业观光园数量由多变少

根据大兴区统计局发布的近五年的统计年鉴数据显示,截至 2016 年,大兴区农业观光园数量为 97 个。2012 年至 2014 年,农业观光园数量呈现增长趋势,年均增长 2.67 个。从 2015 年开始呈现减少趋势,相比 2014 年减少 13 个,2016 年相比 2015 年又减少 10 个。大兴区统计局数据显示,截至 2017 年 1—3 季度,大兴区观光园共有 84 个,比上年同期减少 13 个。如图 6.7 所示。

第二部分　大兴区乡村旅游产业发展趋势研究

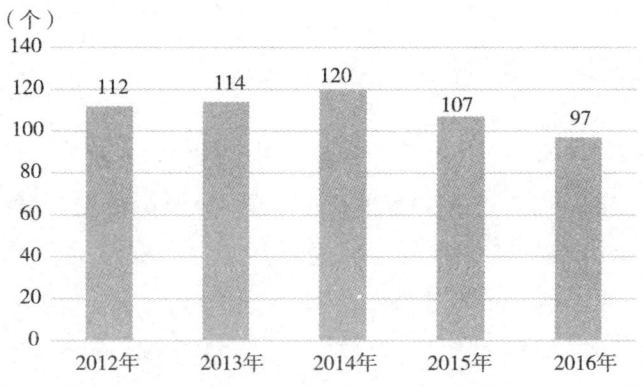

图 6.7　大兴区农业观光园个数

数据来源：大兴区统计局

二、农业观光园生产高峰期从业人员缩减严重

2012 年至 2013 年，农业观光园生产高峰期从业人员总数基本持平，2014 年开始出现明显减幅，相比 2013 年同期减少 1770 人。2015 年农业观光园生产高峰期从业人员出现断崖式减少，相比 2014 年同期减少 4900 人，减幅高达 52.75%。2016 年生产高峰期从业人员总数继续减少，相比 2015 年同期减少 693 人，减幅有所减缓。见图 6.8。

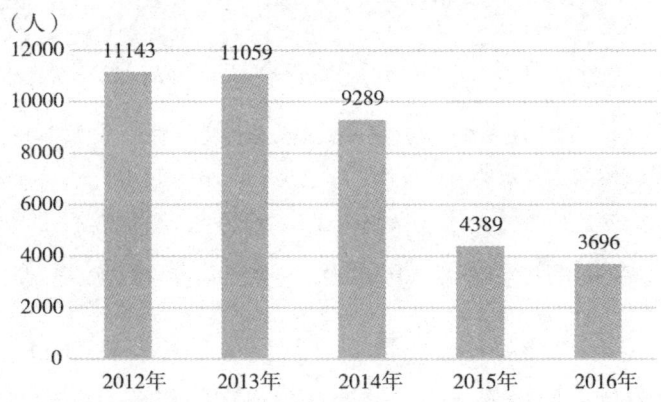

图 6.8　农业观光园生产高峰期从业人员

数据来源：大兴区统计局

三、农业观光园接待人次减少明显

从 2012 年至 2016 年,农业观光园接待人次与农业观光园数量并不完全匹配,2012 年至 2014 年农业观光园数量的增加没有导致接待人次的增长,反而出现了大幅度减少。2014 年,农业观光园数量比 2012 年同期增加 8 个,接待人次同期减少 81.9 万人次。2015 年,农业观光园接待人次比 2014 年同期减少 13.9 万人次。2016 年农业观光园数量相比 2015 年同期减少 10 个,接待人次相比 2015 年同期增加 32.4 万人次。整体比较近五年农业观光园接待人次,2016 年相比 2012 年同期减少 63.4 万,减幅较为明显。如图 6.9 所示。

图 6.9　大兴区农业观光园接待人次

数据来源:大兴区统计局

四、农业观光园经营总收入整体呈减少趋势

根据大兴区统计局发布的数据显示,2012 年相比 2011 年同期增长 1425.8 万元,2012 年与 2013 年农业观光园经营总收入基本持平,2014 年比 2013 年经营总收入同期减少 6482 万元,减幅较大,2015 年

经营总收入出现回升，相比 2014 年同期增长 1570 万元。从 2011 年至 2015 年数据上看，农业观光园经营总收入整体呈现减少趋势。如图 6.10 所示。

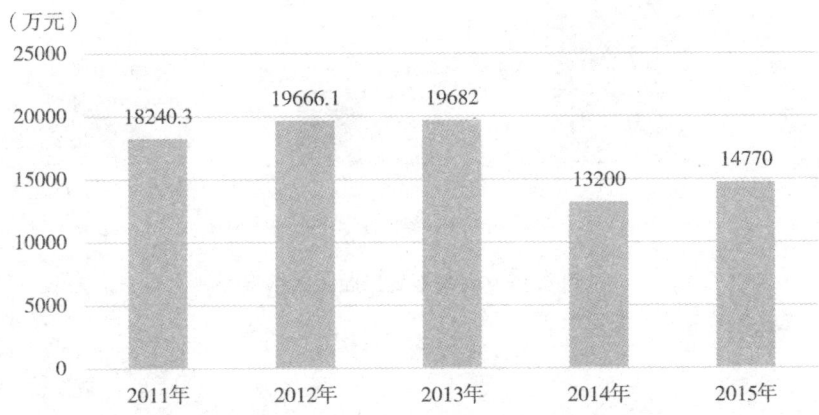

图 6.10　大兴区农业观光园营业总收入

数据来源：大兴区统计局

根据大兴区统计局官方网站数据显示，2016 年 1—9 月份，大兴区观光休闲农业总收入达 12287.2 万元，其中观光园收入达到 10861.3 万元，同比减少 7.2%；民俗户总收入 1425.98 万元，同比增长 1.9%。2016 年 1—9 月份，观光园总收入的三大构成部分采摘收入、出售农产品收入和餐饮收入分别为 3267.7 万元、2986.9 万元和 2758.8 万元，占比分别为 33.4%、27.5% 和 25.4%。

2017 年 1—9 月份，观光园总收入较 2016 年同期减少 725.8 万元，采摘收入和出售农产品收入小幅度增加。2017 年 1—9 月份，观光园总收入 10135.5 万元，其中采摘和出售农产品收入分别为 3316.1 万元和 3141.3 万元。如图 6.11 所示。

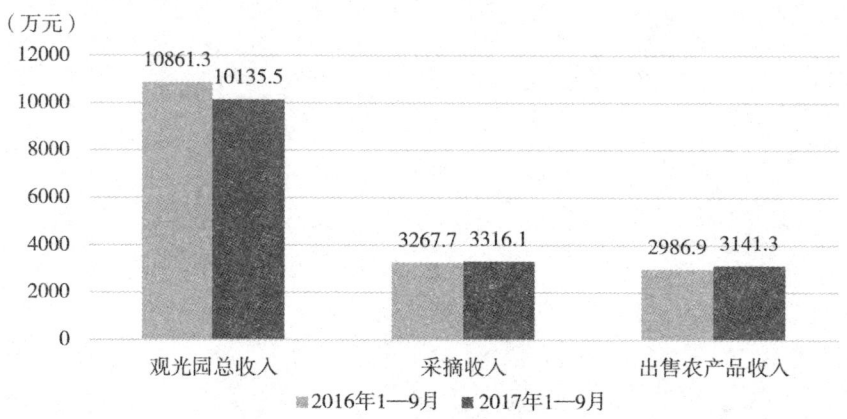

图 6.11　大兴区观光园收入情况

数据来源：大兴区统计局

第三节　大兴区民俗旅游产业趋势分析

民俗旅游是旅游的一种，本质上是依托于不同的地方文化而开展一种旅游活动。首先民俗旅游活动的主要对象各种民俗活动，这是民俗活动的最现实资源。游客在感受这些民俗活动的同时领略与自己所在地不同的民俗文化，没有这些丰厚的民俗文化作为载体，民俗旅游活动难以作出实效。其次游客感受这些异彩纷呈的民俗文化首先需要借助一些实际的民俗项目和民俗现象。例如旅游目的地的生活习惯、饮食文化、历史文物古迹、自然遗产等。

一、从事民俗旅游实际经营接待户呈减少趋势

2012 年至 2015 年，从事民俗旅游实际经营接待户增幅和减幅基本保持平稳，未出现较大波动。2013 年较 2012 年同期增加 6 户，2014 年和 2015 年两年出现连续性减少，2015 年较 2013 年减少 36 户。

2016年出现陡增，较2015年增加316户，为2015年的332.4%。但是，其中经营户只有96户。根据我们实地调研情况发现，在民俗旅游接待户中，很多民俗接待户实际上已经不从事接待了。如图6.12所示。

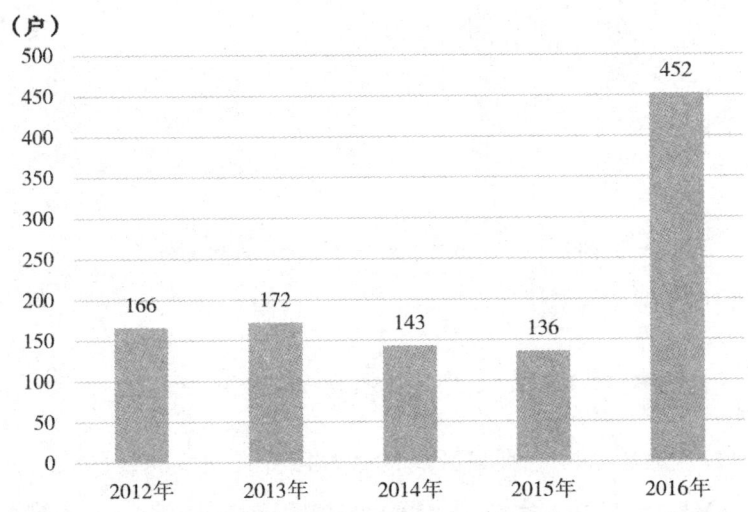

图6.12　大兴区从事民俗旅游实际经营接待户

数据来源：大兴区统计局

二、从事民俗旅游接待的人数出现明显减幅

2011年至2013年，从事民俗旅游接待的人数逐年上升，上升幅度较为稳定，2013年较2011年同期增长72人。2014年从事民俗旅游接待的人数出现明显减幅，较2013年同期减少93人，减幅为11.9%。2015年从事民俗旅游接待的人数与2014年基本持平，整体较2013年仍显示出了明显减幅。根据实地调研了解到，导致接待人数出现明显减少的原因主要有农业采摘旅游较为单一，游客黏性较差；科技含量较低，不能持续造成吸引力；北京周边旅游的快速发展，游客分流严重。如图6.13所示。

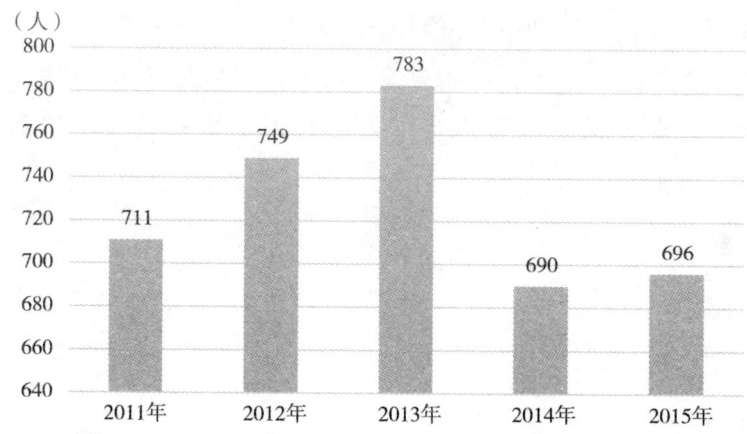

图 6.13　大兴区从事民俗旅游接待的人数

数据来源：大兴区统计局

三、民俗旅游接待人次基本保持稳定

2012 年至 2016 年，大兴区民俗旅游接待人次相对比较稳定，接待人次在 40 万和 45 万人次范围之间。2012 年至 2015 年，民俗旅游接待人次连年增长，2015 年达到 45 万人次，较 2012 年增加近 5 万人次，创下近五年来接待人次的最高值。2016 年出现小幅减少，较 2015 年同期减少 2.2 万人次。如图 6.14 所示。

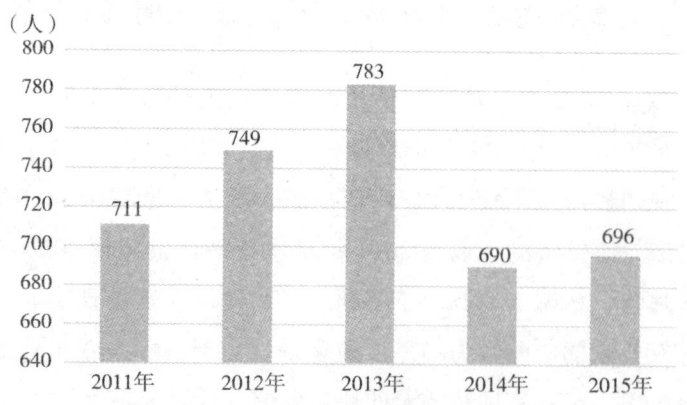

图 6.14　大兴区民俗旅游接待人次

数据来源：大兴区统计局

四、民俗旅游总收入保持平稳增长

2012年至2016年，大兴区民俗旅游总收入整体保持平稳增长，2016年较2012年同期增长290.4万元。2014年出现小幅度波动，总收入较2013年减少18万元，但总收入较2012年高出136.4万。2015年和2016年继续保持平稳增长态势。如图6.15所示。

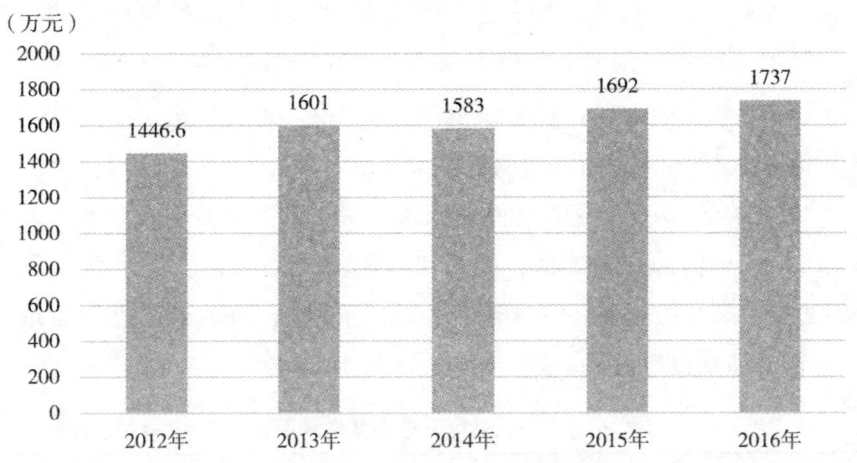

图6.15 大兴区民俗旅游总收入

数据来源：大兴区统计局

第四节　大兴区蔬菜播种和果园面积发展趋势分析

大兴区有蔬菜、西甜瓜、果品、甘薯、花卉五大种植业主导产业。蔬菜和果园也是大兴区乡村旅游的重要组成部分，通过分镇蔬菜播种面积和果园面积，有利于把握全区乡村旅游资源状况。

一、分镇蔬菜播种面积发展趋势

2012年至2016年，大兴区蔬菜播种面积整体呈现增长态势，2016年较2012年同期增加64175亩，增长28.55%。亦庄开发区蔬菜播种面积0亩；旧宫镇2012年蔬菜播种面积800亩，2013年减少至705亩，2014年至2016年蔬菜播种面积0亩；2012年至2016年，黄村镇、西红门镇、瀛海镇、礼贤镇、魏善庄镇5个镇蔬菜播种面积整体呈减少趋势，其中瀛海镇2016年蔬菜播种面积较2012年同期减少13632亩，为5镇中减少最多的乡镇；礼贤镇减少8609亩，魏善庄镇减少2263亩，黄村镇减少1096亩，西红门镇减少855亩。

2012年至2016年蔬菜播种面积增加最多的乡镇是青云店镇，2016年较2012年增加31257亩；庞各庄镇增加25608亩，长子营镇增加18462亩，采育镇增加6057亩，北臧村镇增加5464亩，安定镇增加4456亩，榆垡镇增加126亩。如表6.3所示。

表6.3 大兴区分镇蔬菜播种面积　　　　（单位：亩）

项目	蔬菜播种面积（亩）				
	2012年	2013年	2014年	2015年	2016年
合计	160592	161250	162700	182456	224767
亦庄					
黄村	6728	4830	4055	6086	5632
旧宫	800	705			
西红门	2123	1985	2066	1503	855
瀛海	13930	14132	14765	12348	298
青云店	28290	31191	39181	49088	59547
采育	8084	7836	7998	10181	14141
安定	9683	9772	9344	12771	14139
礼贤	25187	22469	21056	20349	16578
榆垡	8806	11967	7743	7267	8932

(续表)

项目	蔬菜播种面积（亩）				
	2012 年	2013 年	2014 年	2015 年	2016 年
庞各庄	13670	14098	13523	13494	39278
北臧村	11575	10495	9482	13442	17039
魏善庄	10538	9133	4097	5461	8275
长子营	21178	22637	29209	30377	39640

数据来源：大兴区统计局

二、分镇果园面积变化趋势分析

2013 年至 2015 年，大兴区果园面积呈减少趋势，2015 年比 2013 年同期减少 11792 亩，减幅 13.89%；亦庄开发区果园面积为零；黄村镇果园面积整体减少现象明显，2016 年比 2012 年同期减少 538 亩；旧宫镇 2012 年果园面积 704 亩，2013 年减少 100 亩，2014 年至 2016 年果园面积为零；西红门镇 2012 年和 2013 年均为 45 亩，2014 年至 2016 年果园面积为零；瀛海镇果园面积较少，2012 年果园面积 30 亩，2013 年和 2014 年均为 20 亩，2015 年果园面积出现增加，为 49 亩。

大兴区果园主要分布在庞各庄镇、榆垡镇、安定镇、采育镇、长子营镇、北臧村镇、青云店镇和礼贤镇。上述乡镇果园面积 2016 年较 2012 年相比，均呈现减少趋势，庞各庄镇减少 4633 亩，减幅 16.77%；采育镇减少 4381 亩，减幅 46.68%；青云店镇减少 3058 亩，减幅 55.29%；榆垡镇减少 2105 亩，减幅 16.61%；长子营镇减少 1683 亩，减幅 23.83%；安定镇减少 1649 亩，减幅 14.61%；北臧村镇减少 1278 亩，减幅 21.20%；礼贤镇减少 418 亩，减幅 13.22%；魏善庄镇减少 220 亩，减幅 5.33%。如表 6.4 所示。

表6.4　大兴区分镇果园面积　　　　　　　　　　（单位：亩）

项目	果园面积（亩）				
	2012年	2013年	2014年	2015年	2016年
合计		84880	75059	73088	
亦庄					
黄村	1797	1603	1417	1467	1259
旧宫	704	604			
西红门	45	45			
瀛海	30	20	20	49	
青云店	5531	5125	4876	4034	2473
采育	9386	6855	5323	5275	5005
安定	11283	11255	9965	10105	9634
礼贤	3163	3245	3283	3365	2745
榆垡	12675	12072	11904	11069	10570
庞各庄	27631	27169	24106	23506	22998
北臧村	6027	6081	5267	5119	4749
魏善庄	4131	3779	3108	3376	3911
长子营	7064	6625	5390	5023	5381
其他		402			

数据来源：大兴区统计局

在总体上，从2012年到2016年大兴区总体上的果园种植面积呈不断增加趋势，其中2016年和2015年的增加幅度最大。就各镇的情况来看，青云店镇从2012年到2016年每年的果园种植面积在各镇中增长最为明显；其次是长子营镇的增长比较明显；此外，庞各庄镇2016年的增长比较明显，其他各年基本持平；北臧村种植面积在持续增加，但增长幅度不明显。最后，礼贤、榆垡和魏善庄三个镇的果园种植面积呈逐年下降趋势。见图6.16。

第二部分 大兴区乡村旅游产业发展趋势研究

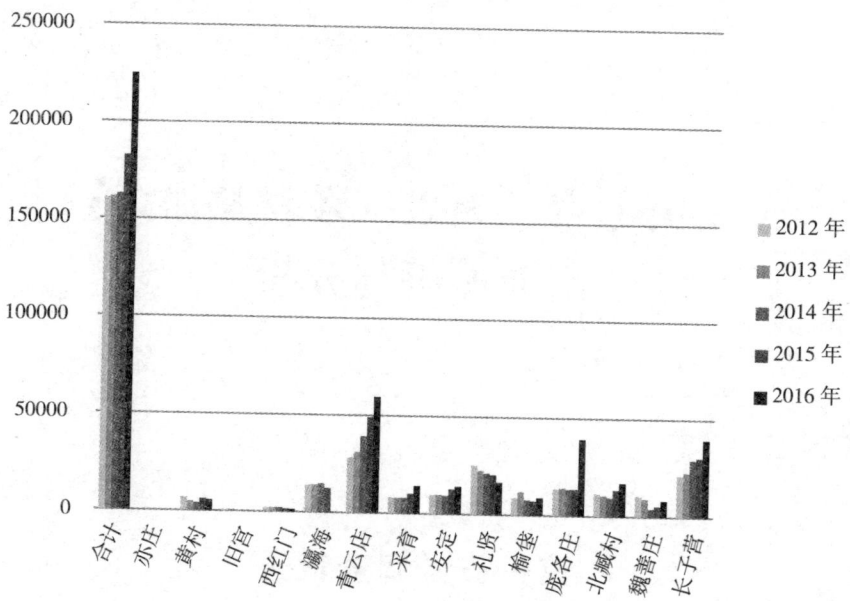

图 6.16 大兴区各镇果园面积变化情况

第七章 大兴区乡村旅游产业调研与分析

第一节 调查背景

近年来,随着人民群众的生活水平不断提高,游客出行需求逐渐成熟且趋向多元化,在旅游过程更注重对不同文化的体验,乡村旅游刚刚起步,却对城市游客有着无与伦比的吸引力,同时乡村旅游对促进农业产业结构调整,增加农民收入,充分利用农村剩余劳动力的资源,维护农村社会经济可持续发展具有重要意义。据此,为获得更多游客在大兴区进行乡村旅游的反馈信息,全面了解游客需求,笔者开展了针对大兴区乡村旅游现状的问卷调研活动,以网络问卷的形式开展,共收回问卷238份。

第二节 调查对象

本次调查以工作或居住地为北京的市民为主,调查总体为参与过大兴区乡村旅游的游客群体。问卷经由社交平台推广,网络填写并回收。见图7.1。

第二部分 大兴区乡村旅游产业发展趋势研究

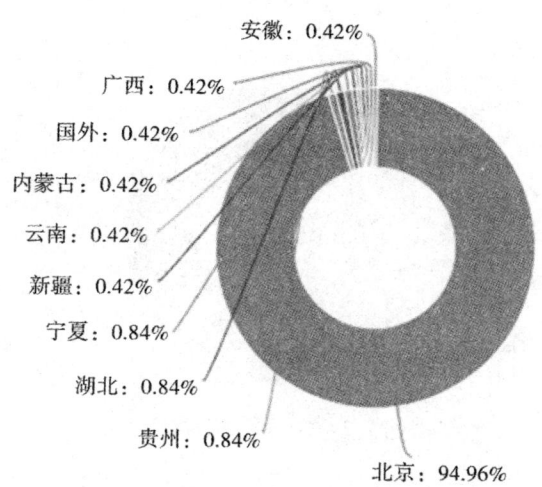

图7.1 大兴区乡村旅游调查地域分布

第三节 调查问卷数据分析

一、基本信息

本次问卷调查中调查对象男女数量分别为 74∶162，女性数量较多；调查对象年龄范围覆盖广，其中以 19 岁—30 岁工作或居住地在北京地区的中青年为主；调查对象的文化程度以本科为主，此外，有少量专科及以下学历游客，调查对象职业覆盖面比较广，主要以学生、企业职员为主。

（一）性别构成

性别构成根据调查样本统计，有效答卷 236 份，2 份空缺。其中男性 74 人，占总人数的 31.09%；女性人数 162 人，占总人数的 68.07%。见图7.2。

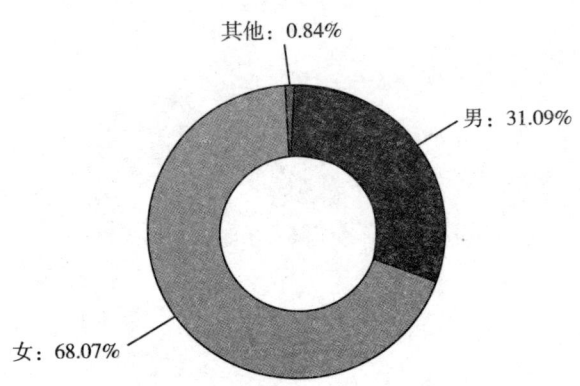

图7.2 大兴区性别构成

（二）年龄构成

年龄构成根据调查样本统计，有效答卷235份，3份空缺。其中年龄在18岁以下的有99人，占41.6%；19—30岁117人，占49.16%；31—40岁5人，占2.1%；41—50岁11人，占4.62%；51岁以上3人，占1.26%。见图7.3。

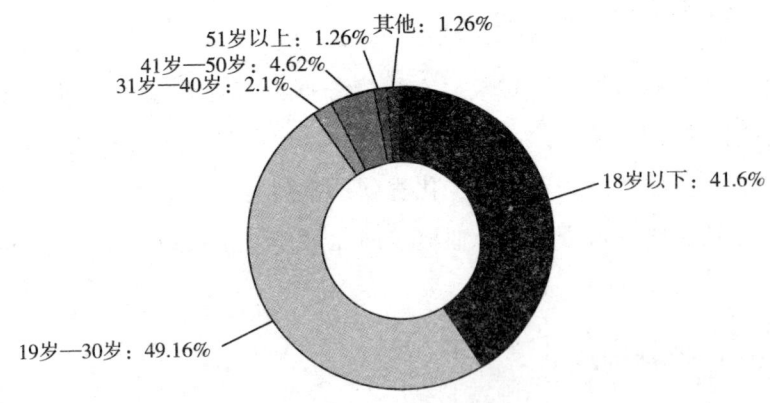

图7.3 大兴区年龄构成

(三) 文化程度构成

文化程度构成根据调查样本统计,有效答卷235份,3份空缺。其中文化程度在高中以下的有14人,占5.88%;专科16人,占6.72%;本科201人,占84.45%;研究生及以上4人占1.68%。见图7.4。

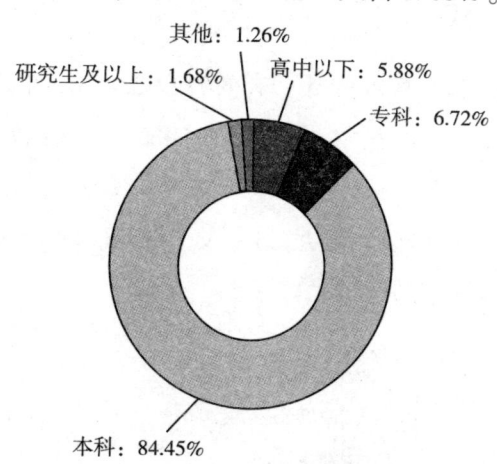

图7.4 大兴区文化程度构成图

(四) 月收入构成

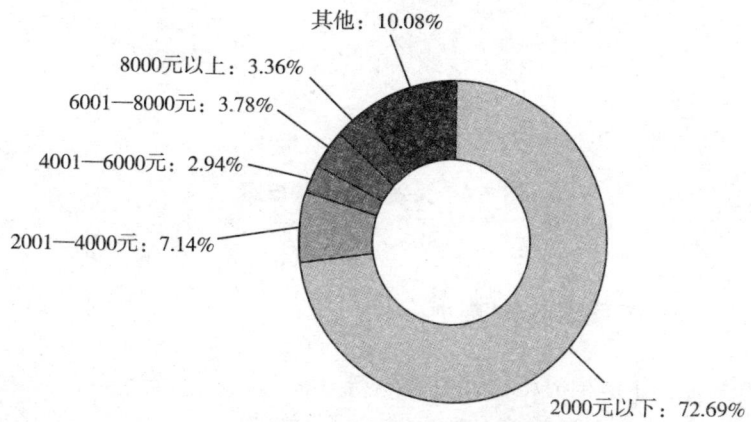

图7.5 大兴区月收入构成图

月收入构成根据调查样本统计,有效答卷214份,24份空缺。其中月收入在2000元以下的有173人,占72.69%;2001元—4000元17人,占7.14%;4001元—6000元7人,占2.94%;6001元—8000元9人,占3.78%;8000元以上8人,占3.36%。见图7.5。

(五)职业构成

职业构成根据调查样本统计,有效答卷234份,4份空缺。其中工人2名,占0.84%;农民2人,占0.84%;政府公务员1人,占0.42%;企业职员10人,占4.2%;事业单位人员6人,占2.52%;自由职业者1人,占0.42%;学生210人,占88.24%;其他职业2人,占0.84%;无离退休人员。见图7.5。

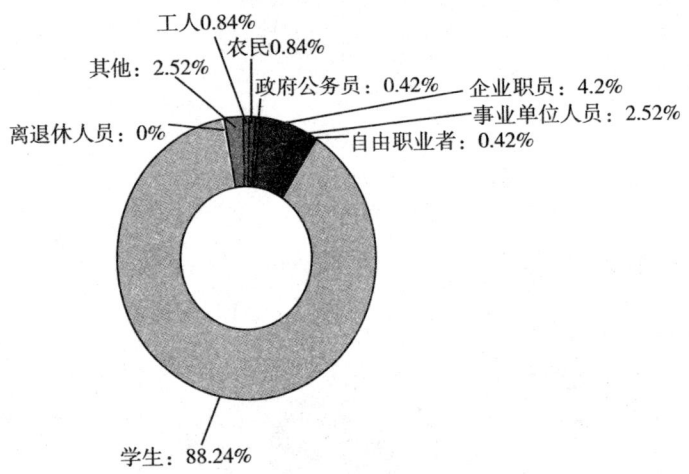

图7.6 大兴区职业构成图

(六)工作或居住地构成

工作或居住地构成根据调查样本统计,有效答卷235份,3份空缺。其中工作或居住地在北京市大兴区的有73人,占30.67%;工作或居住地在北京市其他区的有 132 人，占 55.46%；工作或居住地在京外的有 30 人，占 12.61%。见图 7.7。

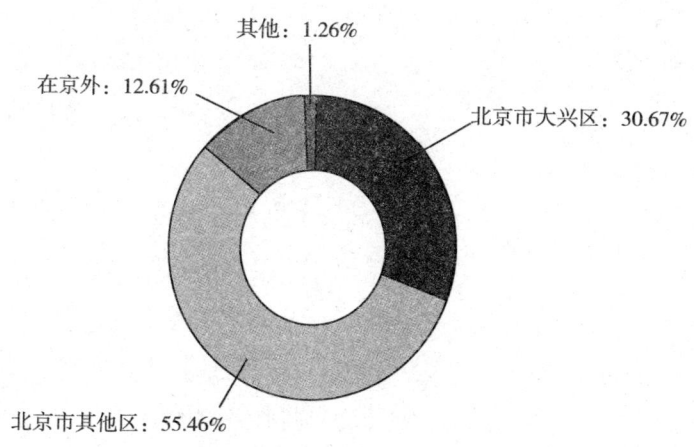

图 7.7　工作或居住地构成图

二、大兴区乡村旅游现状

根据问卷调查，参与过大兴区乡村旅游的游客只占到 16.39%，说明大部分游客不曾选择大兴区乡村作为旅游目的地；在参与过大兴区乡村旅游的游客中，大部分游客仍以短期旅游为主，然而仍有少部分游客停留在 5 天以上，证明大兴区发展高质量的度假旅游实际可行；选择黄金周、小长假和周末出行的游客超过 50%，说明游客出行多选择在假期，大兴区发展各项旅游活动应多安排在游客密集的节假日。

游客了解大兴乡村旅游信息仍以传统的人际传播为主，彰显景区宣传策略主要通过口碑相传，利用游客的人际关系实现免费的二次宣传；其次是通过电视广播及网络媒体，证明游客获取信息的途径多元化，各景区相关负责人应拓展宣传渠道，从而增加游客获取信息的便捷性，此外，通过旅行社得知此旅游信息的游客只占

11%，说明对着人们生活水平的提高，自助游逐渐成为游客出行的主流；调查结果也表明，游客大多选择自驾与朋友或家人一起来游玩，占了69.05%，比例十分可观，亲友自由行的旅游方式将会越来越受到推崇，这就导致交通条件便利程度和田园风光优美程度成为游客出行考虑的主要因素，其次是旅游住宿环境舒适程度和旅游价格合理程度。

游客进行乡村旅游活动主要以参与农产品采摘（57.14%）和乡村民俗活动体验（42.86%）为主，但大兴区乡村内部对农耕文化展示以及特色人文景观的开发远没有达到应有的强度，应在此基础上进一步提炼与创新，结合新机场开拓国际新格局；另外，主要调查对象多为月收入在2000左右的中等水平游客，而参与乡村旅游的花费大多在200—500元左右消费支出集中在餐饮与采摘两方面，与乡村旅游的低消费性相吻合。

根据参与过大兴区乡村旅游的游客反馈，游客参与节庆旅游以大兴西瓜节旅游文化节、大兴庞各庄梨花旅游文化节和大兴魏善庄月季旅游文化节为主，小镇游以庞各庄镇与魏善庄镇为主，新业态园区游以国际驿站（世界月季主题园）和生态渔家（碧海田园垂钓园）为主。游客旅游出行目的地主要集中在庞各庄与魏善庄镇两镇，表明两镇除深入挖掘自身特色的同时，结合地方特色传统文化，举办各种节日、活动，并加以宣传，使旅游者在停留期间具有较多的参与机会并进行二次推广传播，值得大兴区其他各镇借鉴学习。

（一）大兴区乡村旅游参与经历构成

大兴区乡村旅游参与经历构成根据调查样本统计，有效答卷235份，3份空缺。其中参与过大兴区乡村旅游的有39人，占16.39%；未参与过大兴区乡村旅游的有196人，占82.35%。见图7.8。

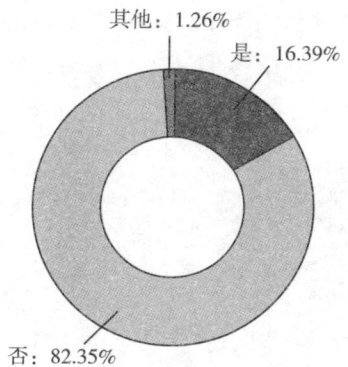

图7.8 大兴区乡村旅游参与经历构成

(二) 游客旅游次数构成

游客旅游次数构成根据调查样本统计,有效问卷42份,4份空缺。其中每年前往大兴区乡村旅游1—2次的游客有25人,占59.52%;3—5次的游客有10人,占23.81%;5次以上的游客有3人,占7.14%。见图7.9。

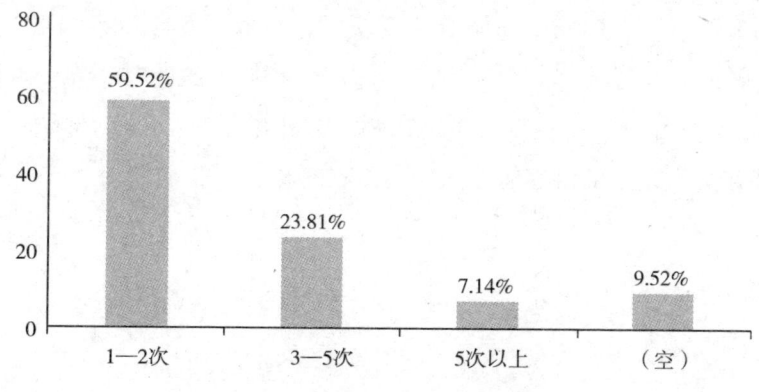

图7.9 游客旅游次数构成图

(三) 游客旅游时间构成

游客旅游时间构成根据调查样本统计,有效问卷42份,4份空缺。其中周末前往大兴区乡村进行旅游的游客占50%;黄金周与小长假前往大兴区乡村进行旅游的游客占 57.14%；工作日前往大兴区乡村进行旅游的游客占 14.29%；家庭纪念日前往大兴区乡村进行旅游的游客占 7.14%。见图 7.10。

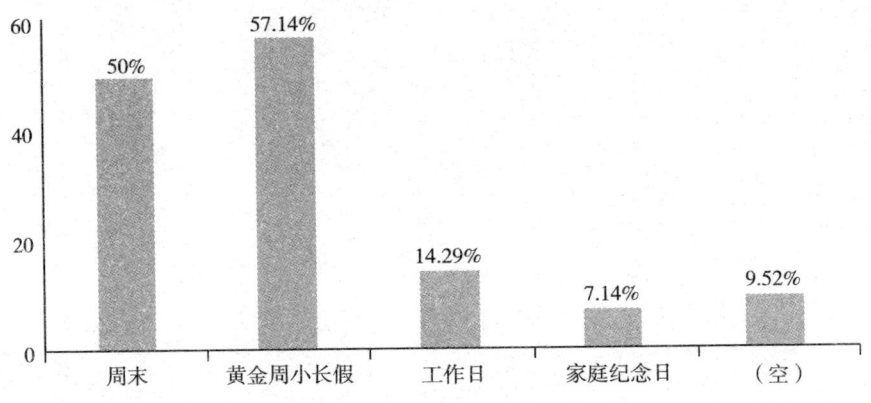

图 7.10　游客旅游时间构成图

（四）游客旅游时长构成

游客旅游时长构成根据调查样本统计，有效问卷 42 份，2 份空缺。其中旅游时长在半天的游客有 11 人，占 26.19%；旅游时长在一天的游客有 16 人，占 38.1%；旅游市场在两天的游客有 7 人，占 16.67%，旅游市场在两天以上的游客有 6 人，占 14.29%。见图 7.11。

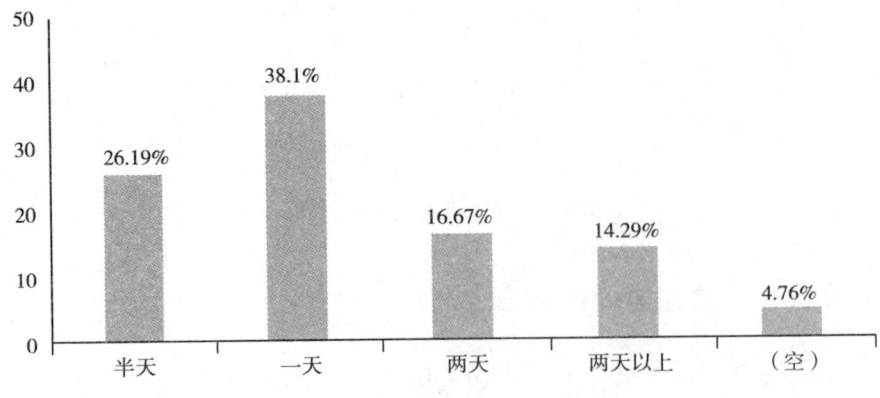

图 7.11　游客旅游时长构成图

（五）游客旅游方式构成

游客旅游方式构成根据调查样本统计，有效问卷42份，2份空缺。其中选择旅行社跟团游的游客有3人，占7.14%；选择单位组织出行的游客有4人，占9.52%；选择亲友自由行的游客有29人，占69.05%；选择其他出行方式的游客有4人，占9.52%。见图7.12。

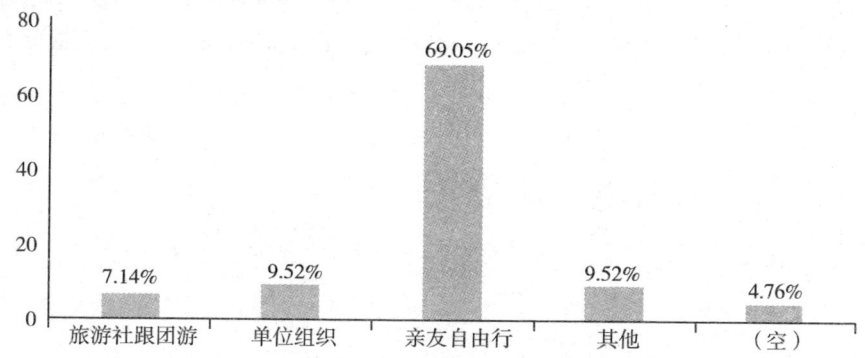

图7.12　游客旅游方式构成图

（六）游客旅游出行方式构成

游客旅游出行方式构成题项，根据调查样本统计，有效问卷42份，5份空缺。其中选择自驾出行的游客有22人，占52.38%；选择公交车出行的游客有7人，占16.67%；选择旅游大巴车出行的游客有6人，占14.29%；选择其他出行方式的游客有2人，占4.76%。见图7.13。

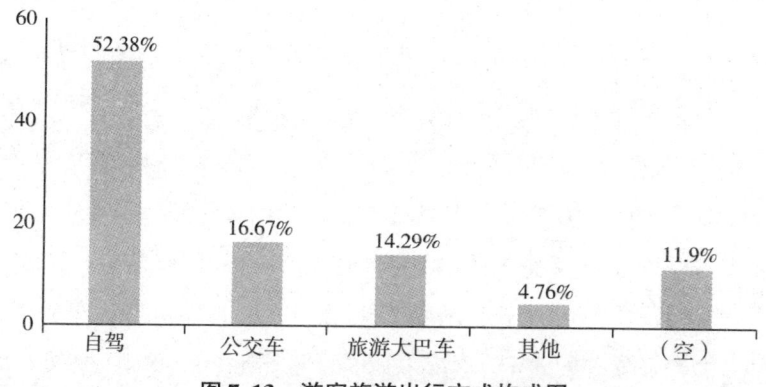

图7.13　游客旅游出行方式构成图

(七) 游客旅游信息获取途径构成

游客旅游信息获取途径构成题项，根据调查样本统计，有效问卷42份，2份空缺。其中通过电视广播了解的游客占28.57%，通过报刊了解的游客占11.9%，通过朋友介绍了解的游客占64.29%，通过旅行社了解的游客占11.9%，通过网络媒体了解的游客占35.71%，通过旅馆介绍了解的游客占7.14%，通过户外广告了解的游客占2.38%，通过其他途径了解的游客占7.14%。见图7.14。

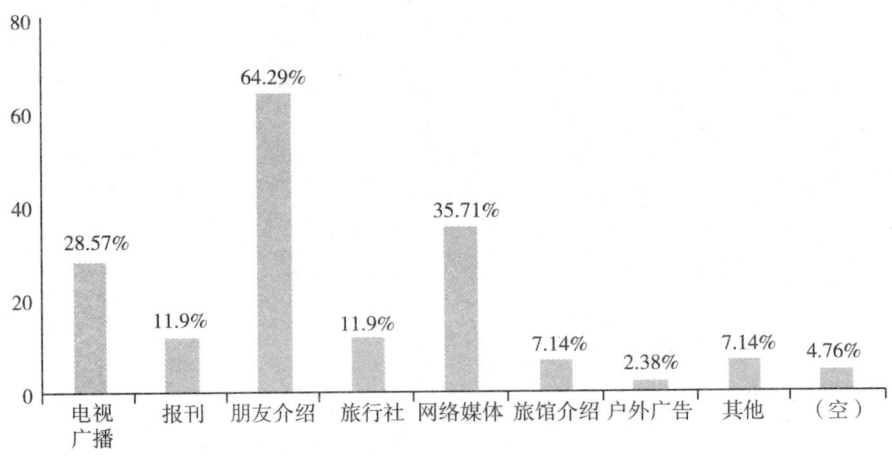

图7.14 游客旅游信息获取途径构成图

(八) 游客乡村旅游选择构成

游客乡村旅游选择构成题项，根据调查样本统计，有效问卷42份，2份空缺。其中主要考虑交通条件便利程度的游客占45.24%；考虑田园风光优美程度的游客占45.24%；考虑旅游住宿环境舒适程度的游客占38.1%；考虑特色民俗风俗文化的游客占23.81%，考虑旅游价格合理程度的游客占35.71%，考虑服务体验多样化程度的游客占14.29%，考虑游憩设施完善程度的游客占19.05%，考虑饮食特色程度的游客占14.29%，考虑旅游地知名度的游客占9.52%，考虑其他因素的游客占4.76%。见图7.15。

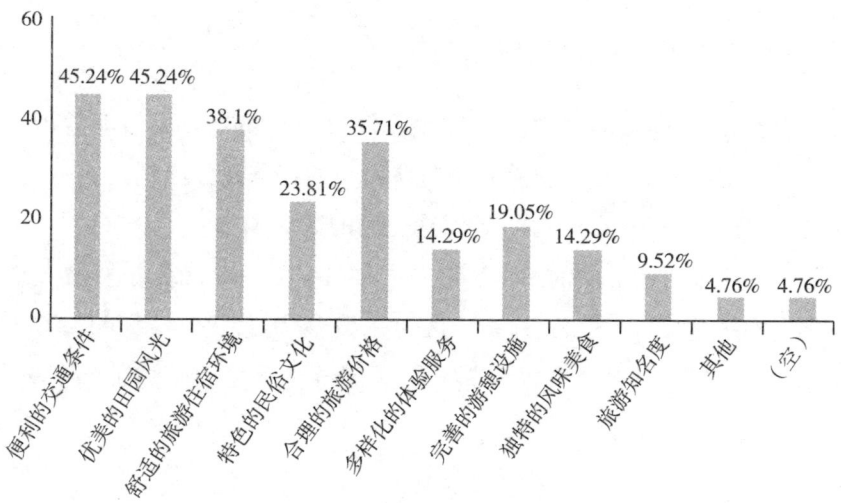

图 7.15　游客乡村旅游选择构成图

(九) 游客旅游花费金额构成

游客旅游花费构成题项，根据调查样本统计，有效问卷 42 份，3 份空缺。其中在大兴区乡村旅游的花费在 200 元以下的游客有 6 人，占 14.29%；花费在 200—500 元的游客有 16 人，占 38.1%；花费在 500—1000 元的游客有 9 人，占 21.43%；花费在 1000 元以上的游客有 8 人，占 19.05%。见图 7.16。

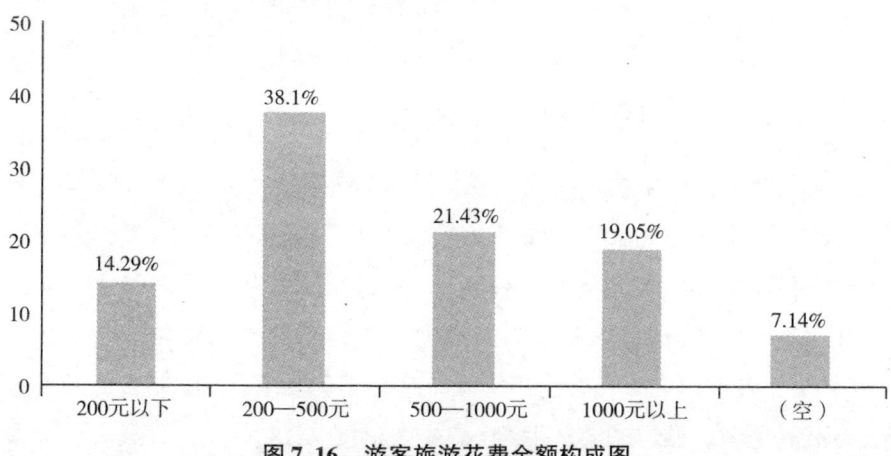

图 7.16　游客旅游花费金额构成图

（十一）游客旅游花费结构构成

游客旅游花费结构构成题项，根据调查样本统计，有效问卷42份，2份空缺。其中认为在乡村旅游中花费最大的部分是住宿的游客有7人，占16.67%；认为花费最大的部分是交通的游客有5人，占11.9%；认为花费最大部分是采摘的游客有8人，占19.05%；认为花费最大是餐饮的游客有14人，占33.33%；认为花费最大部分是购物的游客有3人，占7.14%；认为花费最大部分是景区游览项目门票的游客有3人，占7.14%。见图7.17。

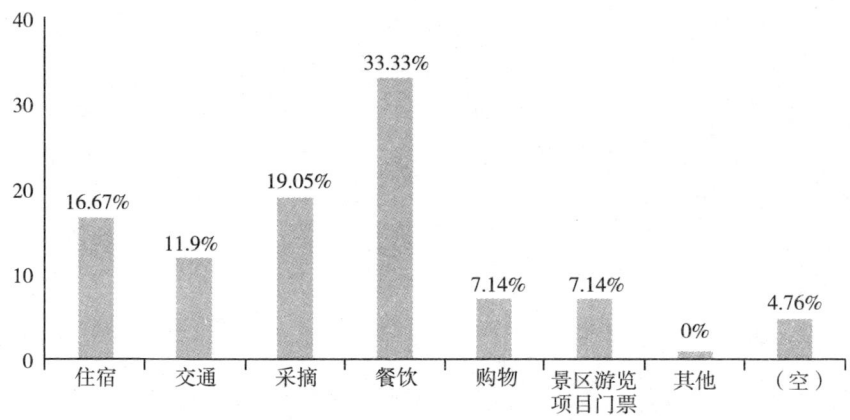

图7.17 游客旅游花费结构构成图

（十一）大兴区节庆旅游构成

大兴区节庆旅游构成题项，根据调查样本统计，有效问卷42份，4份空缺。其中参与过大兴西瓜节旅游文化节的游客占35.71%，参与过大兴庞各庄梨花旅游文化节的游客占35.71%，参与过大兴安定桑葚旅游文化节的游客占21.43%，参与过大兴采育葡萄旅游文化节的游客占19.05%，参加过大兴魏善庄月季旅游文化节的游客占30.95%，参加过大兴区其他节庆旅游的游客占21.43%。见图7.18。

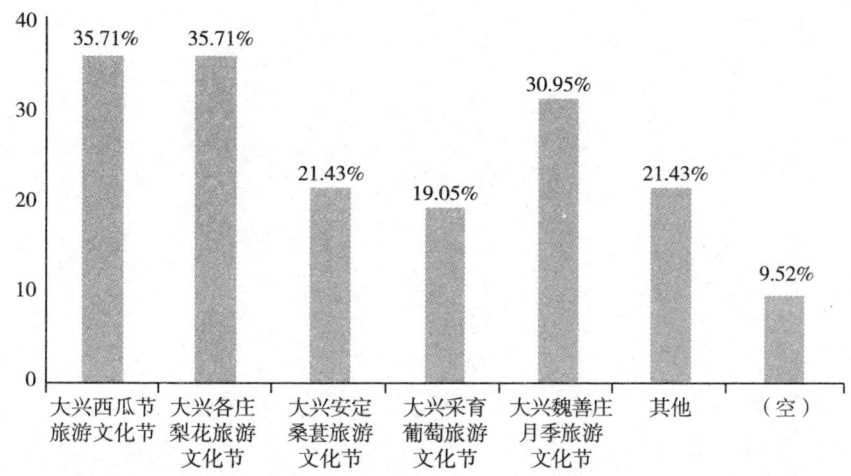

图 7.18　大兴区乡村节庆旅游构成图

(十二) 大兴区乡村旅游小镇构成

大兴区乡村旅游小镇构成题项，根据调查样本统计，有效问卷 42 份，4 份空缺。其中前往森林航空小镇（榆垡、礼贤）旅游的游客占 23.81%，前往绿港休闲小镇（北臧村）旅游的游客占 26.19%，前往温泉葡萄小镇（采育）旅游的游客占 14.29%，前往湿地生态小镇（长子营）旅游的游客占 19.05%，前往美食购物小镇（青云店）旅游的游客占 23.81%，前往御林古桑小镇（安定）旅游的游客占 21.43%，前往浪漫月季小镇（魏善庄）旅游的游客占 26.19%，前往艺术梨花小镇（庞各庄）旅游的游客占 30.95%，前往欢乐西瓜小镇（庞各庄）旅游的游客占 28.57%，前往大兴区其他地区旅游的游客占 23.81%。见图 7.19。

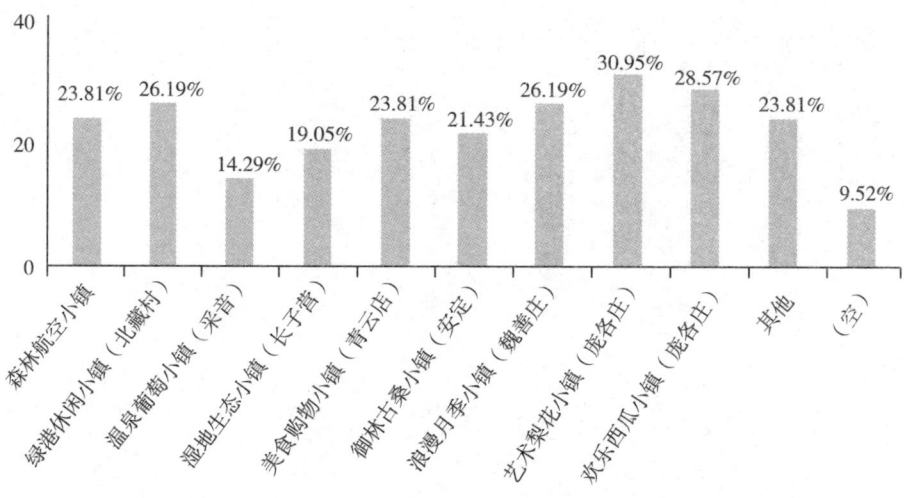

图7.19 大兴区乡村旅游小镇构成图

（十三）大兴区乡村旅游新业态园区构成

大兴区乡村旅游新业态园区构成题项，根据调查样本统计，有效问卷42份，5份空缺。其中前往采摘篱园（如：八方客源采摘园）旅游的游客占19.05%，前往生态渔家（如：碧海田园垂钓园）旅游的游客占23.81%，前往乡村酒店（如：大森林农家酒店）旅游的游客占19.05%，前往休闲农庄（如：留民营生态农场）旅游的游客占21.43%，前往国际驿站（如：世界月季主题园）旅游的游客占30.95%，前往民族风苑（如：巴园子满族文化民俗村）旅游的游客占16.67%，前往大兴区其他新业态园区旅游的游客占26.19%。见图7.20。

第二部分 大兴区乡村旅游产业发展趋势研究

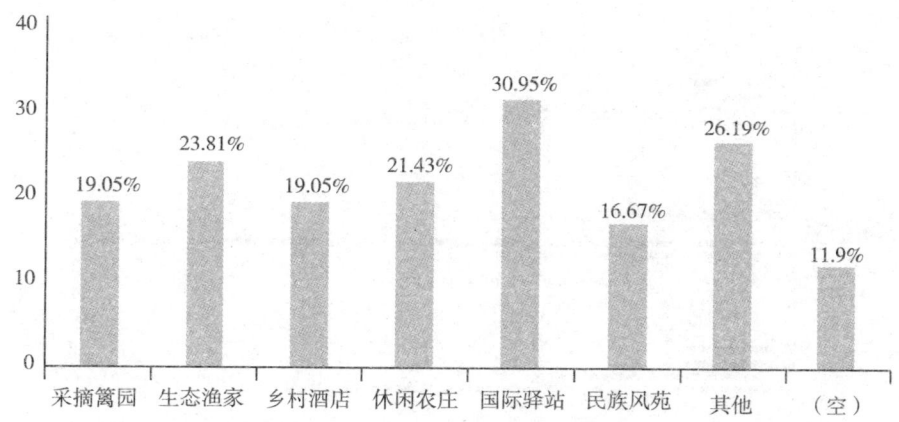

图 7.20 大兴区乡村旅游新业态园区构成图

三、游客满意度

(一)道路交通质量的满意程度

根据调查样本统计,总体道路交通满意度平均分 3.15,超过平均水平,说明游客对大兴区乡村旅游中道路交通质量较为满意。公共交通便捷性满意度中,平均分 3.11 超过平均水平,游客对公共交通便捷性较为满意;公共交通准点率满意度中,平均分 3 分与平均水平持平,游客对公共交通准点率满意程度一般;交通导向标志满意度中,平均分 3.33 超过平均水平,游客对交通导向标志较为满意。见表 7.1、图 7.21。

表 7.1 道路交通质量满意度构成

题目/选项	1(低)	2	3	4	5(高)	(空)	平均分
公共交通便捷性	1 (8.33%)	1 (8.33%)	3 (25%)	4 (33.33%)	0 (0%)	3 (25%)	3.11
公共交通准点率	1 (8.33%)	0 (0%)	6 (50%)	2 (16.67%)	0 (0%)	3 (25%)	3
交通导向标志	1 (8.33%)	1 (8.33%)	2 (16.67%)	4 (33.33%)	1 (8.33%)	3 (25%)	3.33

注:该矩阵题平均分:3.15

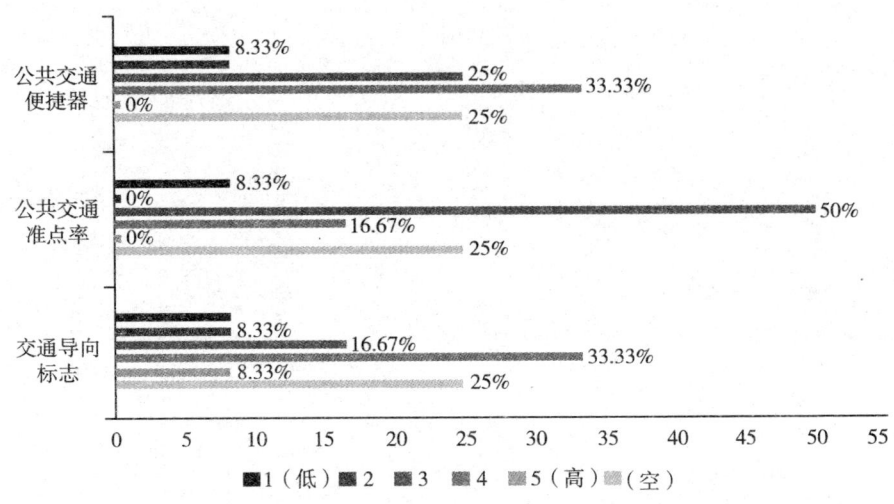

图 7.21 公共交通满意度构成图

(二) 景区质量的满意程度

根据调查样本统计,景区风景质量满意度平均分 3.97,景区卫生质量平满意度平均分 3.74,景区基础设施质量满意度平均分 3.81,景区服务咨询质量满意度平均分 3.71,导游业务水平质量满意度平均分 3.58,导游服务态度满意度平均分 3.70,旅游景区质量总满意度平均分 3.75,均超过平均水平,说明游客对大兴区乡村旅游景点质量较为满意。见表 7.2、图 7.22。

表 7.2 景区质量满意程度构成

题目/选项	1（低）	2	3	4	5（高）	（空）	平均分
景区风景	0 (0%)	3 (7.14%)	8 (19.05%)	14 (33.33%)	13 (30.95%)	4 (9.52%)	3.97
景区卫生	0 (0%)	4 (9.52%)	13 (30.95%)	10 (23.81%)	11 (26.19%)	4 (9.52%)	3.74
景区基础设施	0 (0%)	3 (7.14%)	12 (28.57%)	11 (26.19%)	11 (26.19%)	5 (11.9%)	3.81

(续表)

题目/选项	1（低）	2	3	4	5（高）	（空）	平均分
景区服务咨询	1 (2.38%)	4 (9.52%)	11 (26.19%)	11 (26.19%)	11 (26.19%)	4 (9.52%)	3.71
导游业务水平	1 (2.38%)	5 (11.9%)	11 (26.19%)	10 (23.81%)	9 (21.43%)	6 (14.29%)	3.58
导游服务态度	0 (0%)	4 (9.52%)	13 (30.95%)	10 (23.81%)	10 (23.81%)	5 (11.9%)	3.7

注：该矩阵题平均分：3.75

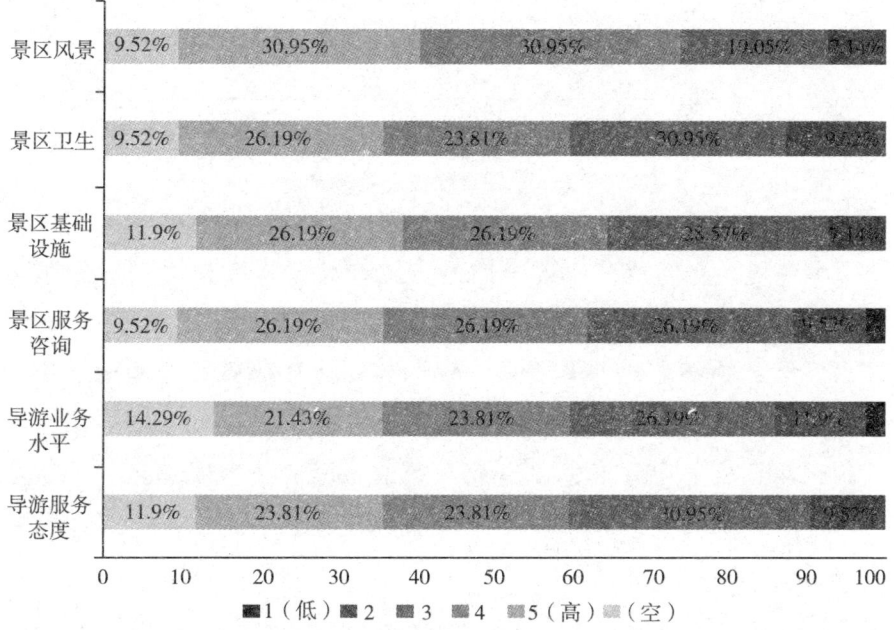

图 7.22　景区质量满意度构成图

（三）游客住宿满意程度

根据调查样本统计，有效问卷 42 份，3 份空缺。其中选择无住宿的游客有 17 人，占 40.48%；选择宾馆和饭店的游客有 10 人，占

23.81%；选择农家院的游客有9人，占21.43%；选择其他住宿方式的游客有3人，占7.14%。见图7.23。

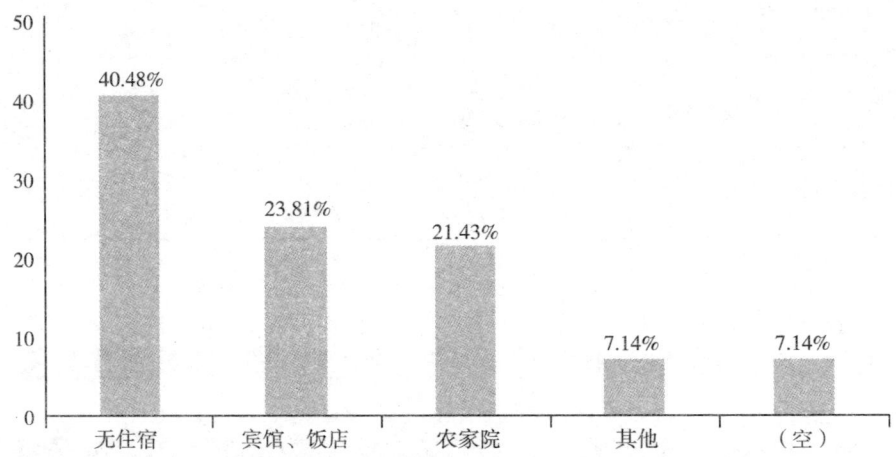

图7.23　游客住宿方式构成图

游客对大兴区乡村旅游中住宿质量的满意程度根据调查样本统计，住宿安全满意度平均分3.95，住宿卫生满意度平均分3.73，住宿多样性选择满意度平均分4，住宿的便捷性满意度平均分3.95，住宿服务满意度平均分3.95，住宿硬件设施满意度平均分3.76，住宿价格满意度平均分3.95，住宿质量总满意度平均分3.9，均超过平均水平，说明游客对大兴区乡村旅游住宿质量较为满意。见表7.3、图7.24。

表7.3　游客住宿质量满意程度构成表

题目/选项	1（低）	2	3	4	5（高）	（空）	平均分
住宿安全	0 (0%)	1 (4%)	6 (24%)	7 (28%)	7 (28%)	4 (16%)	3.95
住宿卫生	1 (4%)	3 (12%)	4 (16%)	7 (28%)	7 (28%)	3 (12%)	3.73

(续表)

题目/选项	1（低）	2	3	4	5（高）	（空）	平均分
住宿可选择的多样性	0 (0%)	0 (0%)	7 (28%)	7 (28%)	7 (28%)	4 (16%)	4
入住的便捷性	0 (0%)	1 (4%)	5 (20%)	9 (36%)	6 (24%)	4 (16%)	3.95
住宿服务	0 (0%)	1 (4%)	5 (20%)	9 (36%)	6 (24%)	4 (16%)	3.95
住宿硬件设施	1 (4%)	1 (4%)	6 (24%)	7 (28%)	6 (24%)	4 (16%)	3.76
住宿价格	0 (0%)	0 (0%)	7 (28%)	8 (32%)	6 (24%)	4 (16%)	3.95

注：该矩阵题平均分：3.9

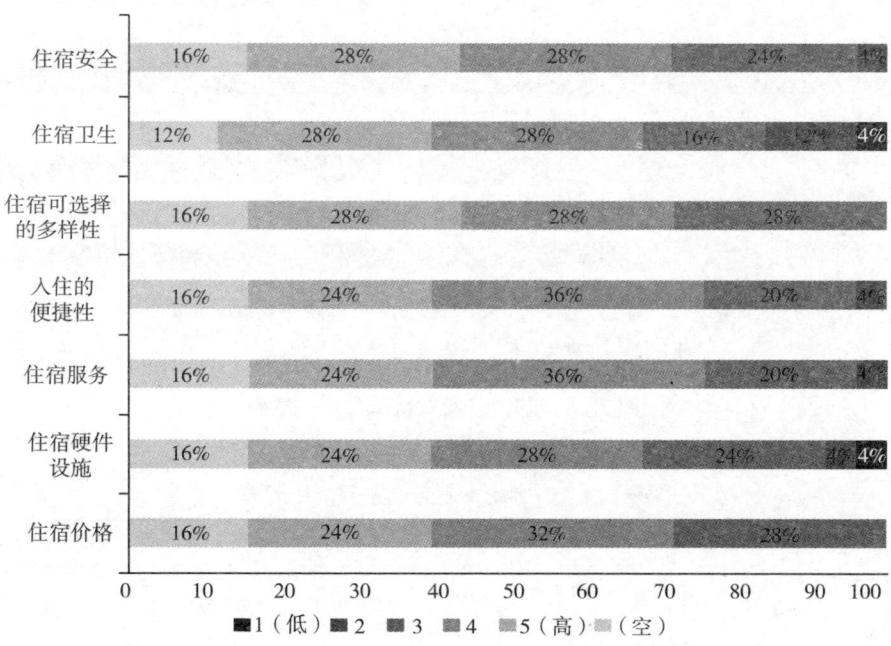

图7.24 游客住宿方式构成图

(四) 游客就餐满意程度

根据调查样本统计,就餐环境满意度平均分 3.97,食物质量满意度平均分 3.89,食物特色满意度平均分 3.89,食物卫生满意度平均分 4.03,餐饮服务满意度平均分 3.94,餐饮价格满意度平均分 3.77,就餐质量总体满意度平均分 3.91,均超过平均水平,说明游客对大兴区乡村旅游中就餐质量的较为满意。见表 7.4、图 7.25。

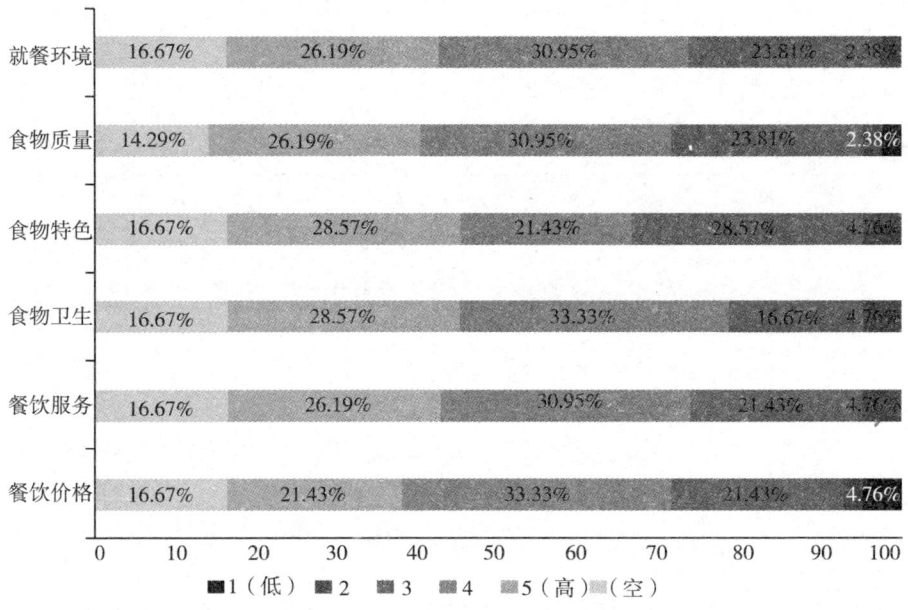

图 7.25 游客就餐质量满意度构成图

表 7.4 游客就餐质量满意程度构成表

题目/选项	1 (低)	2	3	4	5 (高)	(空)	平均分
就餐环境	0(0%)	1 (2.38%)	10 (23.81%)	13 (30.95%)	11 (26.19%)	7 (16.67%)	3.97
食物质量	1 (2.38%)	1 (2.38%)	10 (23.81%)	13 (30.95%)	11 (26.19%)	6 (14.29%)	3.89

(续表)

题目/选项	1(低)	2	3	4	5(高)	(空)	平均分
食物特色	0 (0%)	2 (4.76%)	12 (28.57%)	9 (21.43%)	12 (28.57%)	7 (16.67%)	3.89
食物卫生	0 (0%)	2 (4.76%)	7 (16.67%)	14 (33.33%)	12 (28.57%)	7 (16.67%)	4.03
餐饮服务	0 (0%)	2 (4.76%)	9 (21.43%)	13 (30.95%)	11 (26.19%)	7 (16.67%)	3.94
餐饮价格	2 (4.76%)	1 (2.38%)	9 (21.43%)	14 (33.33%)	9 (21.43%)	7 (16.67%)	3.77

注：该矩阵题平均分：3.91

（五）游客消费满意程度

根据调查样本统计，购物环境满意度平均分为4分，商品质量满意度平均分为4分，销售人员服务水平满意度平均分为4.03分，商品品种选择多样性满意度平均分为4.06分，商品价格（包括：特产、工艺品、采摘等）满意度平均分为3.94分，消费总体满意程度平均分为4.01分，远超平均水平，说明游客对大兴区乡村旅游消费较为满意。见表7.5、图7.26。

表7.5 游客消费满意程度构成表

题目/选项	1（低）	2	3	4	5（高）	（空）	平均分
购物环境	0 (0%)	1 (2.38%)	11 (26.19%)	10 (23.81%)	13 (30.95%)	7 (16.67%)	4
商品质量	0 (0%)	1 (2.38%)	11 (26.19%)	9 (21.43%)	13 (30.95%)	8 (19.05%)	4
销售人员服务水平	0 (0%)	1 (2.38%)	10 (23.81%)	11 (26.19%)	13 (30.95%)	7 (16.67%)	4.03
商品品种可选择的多样性	0 (0%)	2 (4.76%)	8 (19.05%)	11 (26.19%)	14 (33.33%)	7 (16.67%)	4.06

(续表)

题目/选项	1(低)	2	3	4	5(高)	(空)	平均分
商品价格（如：特产、工艺品、采摘）	0 (0%)	2 (4.76%)	10 (23.81%)	11 (26.19%)	12 (28.57%)	7 (16.67%)	3.94

注：该矩阵题平均分：4.01

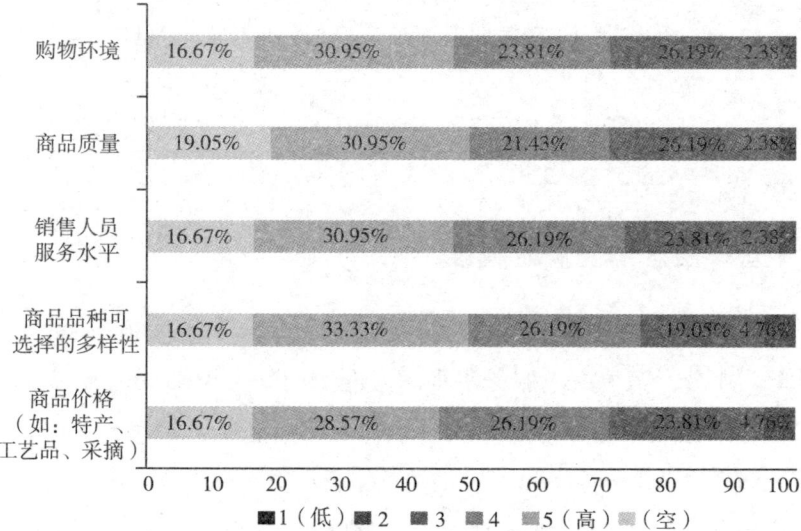

图 7.26　游客消费满意度构成图

（六）游客娱乐项目满意程度

根据调查样本统计，娱乐活动的参与性满意度平均分为 3.94 分，娱乐活动的丰富性满意度平均分为 3.91 分，娱乐活动的特色满意度平均分为 3.91 分，娱乐活动的趣味性满意度平均分为 3.97 分，娱乐项目总体满意程度平均分为 3.93 分，超过平均水平，说明游客对大兴区乡村旅游消费较为满意。见表 7.6、图 7.27。

表7.6 娱乐项目满意程度构成表

题目/选项	1（低）	2	3	4	5（高）	（空）	平均分
娱乐活动的参与性	0(0%)	1(2.38%)	11(26.19%)	9(21.43%)	11(26.19%)	10(23.81%)	3.94
娱乐活动的丰富性	0(0%)	2(4.76%)	11(26.19%)	8(19.05%)	12(28.57%)	9(21.43%)	3.91
娱乐活动的特色	0(0%)	2(4.76%)	11(26.19%)	8(19.05%)	12(28.57%)	9(21.43%)	3.91
娱乐活动的趣味性	1(2.38%)	1(2.38%)	8(19.05%)	10(23.81%)	12(28.57%)	10(23.81%)	3.97

注：该矩阵题平均分：3.93

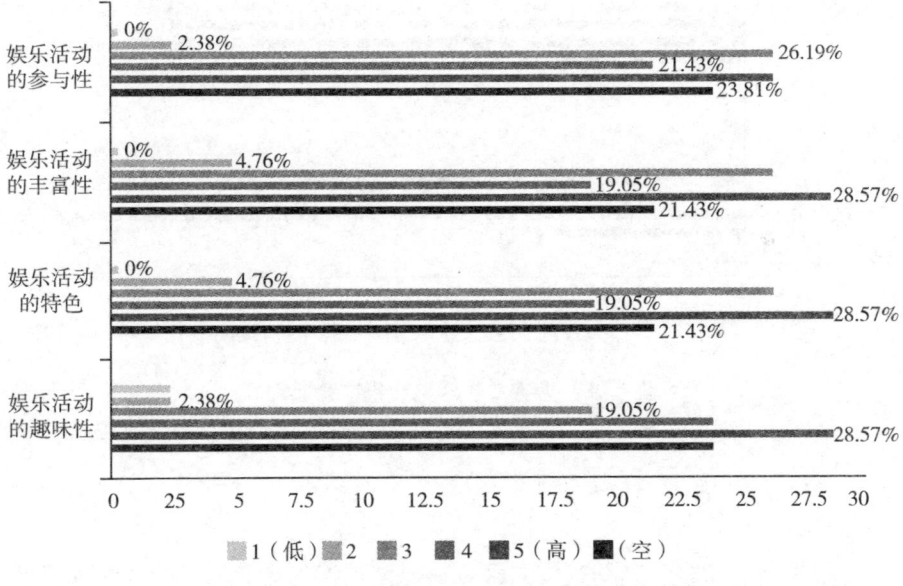

图7.27 娱乐项目满意度构成图

（七）游客二次游览与推广意愿

根据调查样本统计，游客再次浏览意愿平均分为3.95分，推广意愿平均分为4分，游客二次游览和推广总体意愿平均分为3.97分，超过平均水平，说明游客较为愿意二次游览和推广大兴区乡村旅游。见

表7.7、图7.28。

表7.7 游客二次游览和推广意愿构成

题目/选项	1（低）	2	3	4	5（高）	（空）	平均分
您是否愿意再次游览	0 (0%)	2 (4.76%)	11 (26.19%)	12 (28.57%)	13 (30.95%)	4 (9.52%)	3.95
您是否会推荐本景区给别人	0 (0%)	2 (4.76%)	10 (23.81%)	12 (28.57%)	14 (33.33%)	4 (9.52%)	4

注：该矩阵题平均分：3.97

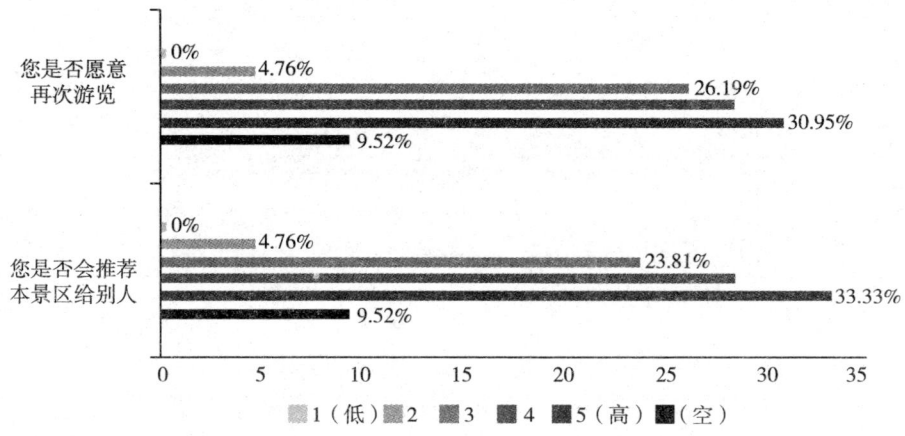

图7.28 游客二次游览和推广意愿构成

四、游客反馈

根据问卷调查，参与过大兴区乡村旅游的游客中，69.1%的游客认为目前大兴区乡村旅游中存在最大的问题是开发深度不够，内容比较单一，证明大兴区乡村旅游开发缺乏整体性规划，乡村旅游建设具有盲目性与同质性，所举办的活动与主题高度相似，并未依据当地生态环境和民俗文化优势，开发出具有特色的乡村旅游产品，如生态体验、环境教育、文化创意等，且乡村旅游产业主要依托旅游产业和休闲产业，尚未形成完整的产业链，整体利润较低；其次是相关基础配套和服务设施不完善，侧面证明乡村旅游管理不善，缺乏复合型人才经营管理景区运营。

游客选择旅游目的地偏向怀柔区、密云区和房山区，作为北京地区早期开发的旅游景区，怀柔区、密云区和房山区积攒了大量的口碑和人气，值得大兴区乡村旅游从业人员借鉴；与其他北京行政区相比，游客觉得大兴区乡村旅游发展的优势在景点特色、交通便利和住宿餐饮方面，这就要求相关从业人员与政府相关部门密切配合，积极维护公共交通便捷性的同时，打造物美价廉的食宿环境；充分挖掘大兴区独具特色的旅游文化资源，增强农耕文化的吸引力，创新节庆旅游和娱乐活动项目，打造大兴区乡村旅游名片，增强大型乡村旅游的吸引力。

（一）游客意见反馈

根据调查样本统计，有效问卷42份，5份空缺。其中认为大兴区乡村旅游缺乏合理规划、系统性不足的游客占35.71%，认为相关基础配套和服务设施不完善的游客占42.86%，认为开发深度不够，内容比较单一的游客占61.9%，认为缺乏商品意识、品牌建设落后的游客占23.81%，认为相关人员素质过低，服务水平差的游客占16.67%，认为环境质量不佳的游客占2.38%，认为存在其他问题的游客占2.38%。见图7.29。

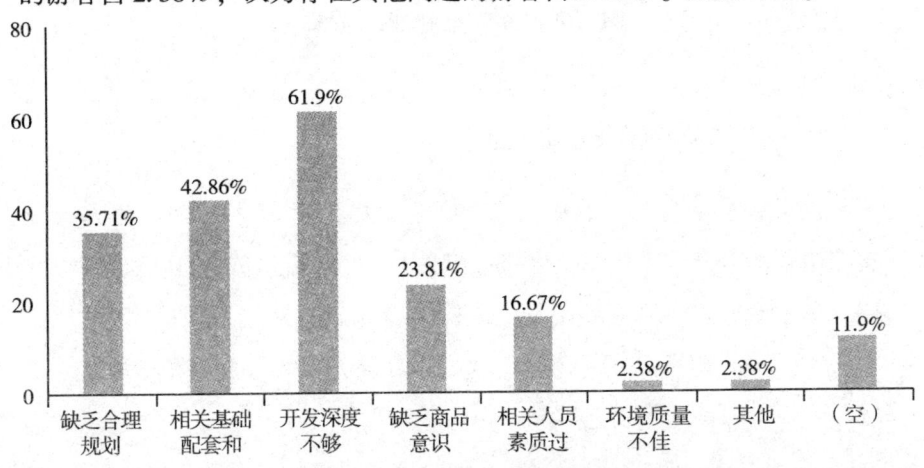

图7.29　游客旅游意见反馈构成图

(二)游客旅游倾向

根据调查样本统计,有效问卷 238 份,18 份空缺。其中旅游意愿倾向石景山区的游客占 20.17%,倾向门头沟区的游客占 12.18%,倾向房山区的游客占 21.85%,倾向顺义区的游客占 14.71%,倾向昌平区的游客占 14.71%,倾向怀柔区的游客占 30.67%,倾向平谷区的游客占 18.07%,倾向密云区的游客占 27.31%,倾向延庆区的游客占 21.43%。见图 7.30。

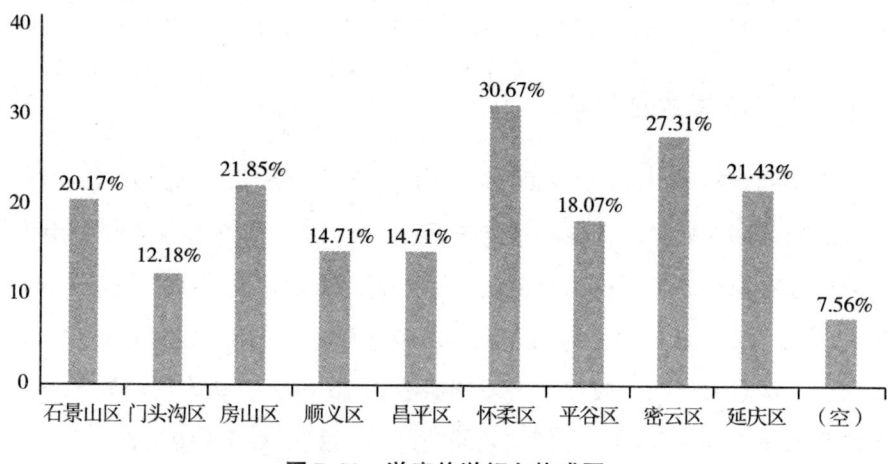

图 7.30 游客旅游倾向构成图

(三)大兴区旅游优势比对

根据调查样本统计,有效问卷 238 份,13 份空缺。其中认为大兴区乡村旅游优势在于景点特色的游客占 52.1%,认为优势在于交通便利的游客占 36.55%,认为优势在于住宿餐饮的游客占 30.67%,认为优势在于服务内容的游客占 14.29%,认为优势在于文化特色的游客占 28.15%。见图 7.31。

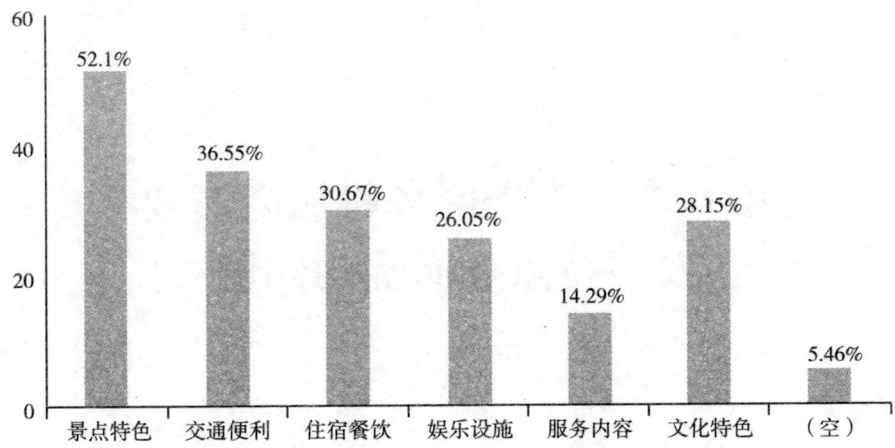

图 7.31　游客针对大兴区乡村旅游优势对比反馈构成图

第八章 大兴区乡村旅游产业发展特点及面临的问题

经过对大兴区第三次农业普查公报数据分析和实地走访调研，更加深入地了解了大兴区乡村旅游发展现状以及其中存在的问题。虽然大兴区近年来现代都市农业发展形势良好，但是在乡村旅游发展方面仍然存在一些问题，主要表现在农业观光园数量减少，模式单一；民俗旅游竞争力薄弱；乡村旅游从业人员较少；乡村旅游附加值不高，收入不稳定等方面。

第一节 大兴区乡村旅游产业发展特点

一、乡村旅游产品以农业观光采摘为主

大兴区是传统的农业重镇，素有"绿海甜园""南菜园"之称，全区 2016 年农林牧渔业总产值达到 488175 万元，其中农业总产值高达 239759 万元，占总产值的 49.1%。设施农业播种面积共 208659 亩，总收入高达 127745 万元。大兴区农业发展优势为农业观光采摘游的发展提供良好的基础，现已成为大兴区最具地域特色、最主要的乡村旅游产

品。目前全区共有 66 个农业观光生态园区，主要作物是西瓜、梨、桑葚、葡萄、草莓、月季等。其中采摘型园区为 43 个，占比 65.1%；休闲型园区为 23 个，占比 34.9%。

二、乡村旅游发展规模不断缩小

近年来，大兴区乡村旅游发展规模不断缩小，呈现下降趋势。2015 年大兴区农业观光园个数为 107 个，2016 年农业观光园个数将为 97 个，减少了 10 个，下降率为 9.3%；2017 年农业观光园的个数为 81 个，下降了 26 个，下降率为 24.2%；2018 年下降为 66 个，下降了 41 个，下降率为 38.3%，大兴区农业观光园数量在逐年减少。见图 8.1。

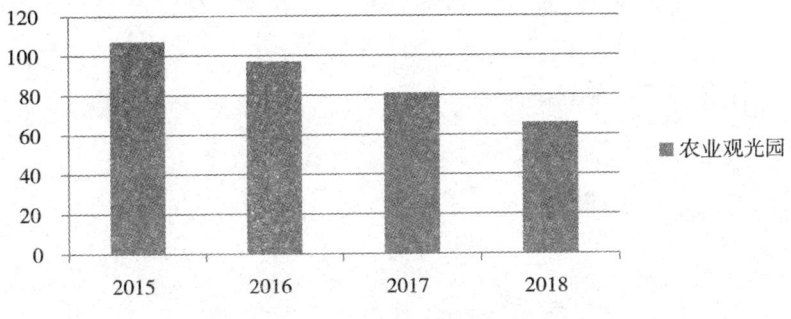

图 8.1 大兴区农业观光园数量变化情况

据大兴区旅游发展委员会统计，2016 年大兴区评定的乡村旅游星级民俗村落共 16 个，星级民俗户共 171 个。2017 年数据显示，大兴区评定的乡村旅游星级民俗村落共 16 个，星级民俗户共 138 个，相比 2016 年减少了 33 个，年下降率为 19.2%，民俗旅游规模同样呈现下降趋势。

三、节庆类旅游规模逐渐回升

近 10 年来，乡村旅游节庆类旅游规模整体呈下滑趋势，波动幅度明显，但随着政府加大扶持力度，振兴乡村旅游业，近几年节庆旅游发展规模有所好转。2007年乡村旅游刚兴起的时候每年举办的节庆活动高达15个，往后4年平均每年举办6.5个，但随后节庆旅游规模大幅下降，2012到2015四年间一共举办了3个活动。近几年，2016年大兴区举办了9个节庆活动，2017年5个活动，相较于2012年到2015年间节庆旅游规模明显增长，基本形成5个较为大型的节庆活动。

四、乡村旅游从业人员较少并呈减少趋势

大兴区统计局发布的数据显示，2016年大兴区乡村从业人员合计362814人，其中农业从业人员51364人，占乡村从业人员总数的14.2%，占比较少。通过实地走访调研了解到，乡村大部分劳动力外流现象严重，青年劳动力从事农业劳动的数量较少，主要为老人在家务农，乡村旅游人员也并不是专业从事乡村旅游行业，而是作为兼职或者副业，从业人员数量和服务质量得不到有效保障。

根据大兴区统计局发布的数据显示，2016年民俗旅游接待户中经营户为96户，接待人数42.8万人，收入1737万元。根据实地走访调研，民俗旅游户很多已经不从事接待，比如，在采育的东辛屯村原有二三十家从事旅游接待，现仅剩四五家尚在营业，我们访谈的其他民俗接待村的情况基本类似。有一些民俗旅游接待户以家庭为单位提供接待服务，缺乏专业的服务知识和发展规划，整体竞争力不强。

五、乡村旅游附加值不高，收入不稳定

据大兴区统计局发布的数据可知，2016年全区农林牧渔业从业人员平均工资为58079元，工资水平在全行业中排名较低。2016年农村居民家庭可支配收入合计19555元，其中第三产业经营净收入1717元，收入水平不高。根据实地走访调研了解到，大兴区乡村旅游主要以农业采摘为主，农产品附加值不高，缺少丰富的文化活动和文化附加值，对调动

农民投入乡村旅游发展的积极性不强，对提高农民收入水平有限，并且当年天气因素对农业收成和质量有重要影响，"看天吃饭"的现象依然明显，导致依靠农业发展乡村旅游的农民收入不太稳定。

第二节 大兴区乡村旅游产业发展面临的问题

随着近几年旅游市场发展和成熟，乡村旅游这种短途、短时、花费少的方式逐渐成为都市人节假日的首选。乡村旅游的发展对促进当地农村产业结构的调整，拓宽农民增收渠道，推动当地经济发展具有重要意义。大兴区积极把握发展趋势，乡村旅游业经过了几年的发展，取得了一定的成绩，但也暴露了很多问题。

一、乡村旅游产业发展规划问题

大兴区乡村旅游总体规划不足，整体协调性不强，普遍对乡村旅游层面理解不深，概念混乱。目前，调研的大兴区各乡镇的乡村旅游，大多还是将乡村旅游等同于农业旅游，主要以农业采摘和亲子游为主，有的甚至片面地理解为农业观光旅游，严重地降低了乡村旅游的丰富性，掩盖了乡村旅游所包含的其他类型。如图8.1所示。

同时，大兴区各镇内民俗村建设具有盲目性与同质性，所举办的活动与主题高度相似，并未根据当地生态环境和民俗文化优势，开发具有特色的乡村旅游产品，如生态体验、环境教育、文化创意等，难以满足国际大城市旅游消费者的需求，且乡村旅游产业主要依托旅游产业和休闲产业，尚未形成完整的产业链，整体利润较低。

低水平的产品结构严重阻碍乡村旅游的可持续发展，各镇辖内民俗村形成同质竞争，一方面造成了大量的财力、人力、资源的浪费；

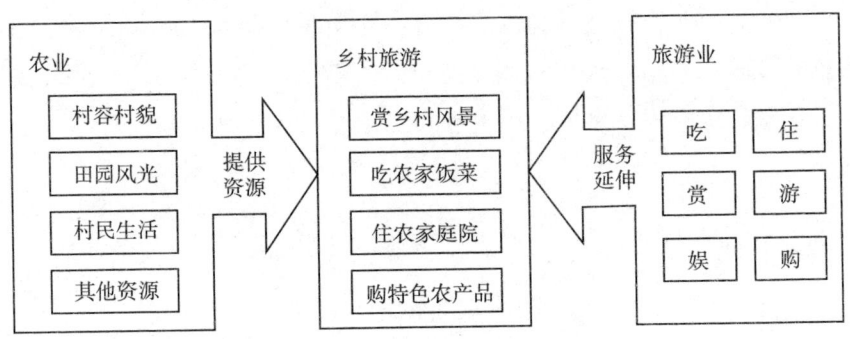

图8.1 乡村旅游产业结构图

另一方面千篇一律的民俗景观让游客形成刻板印象，造成游客流量的大量流失。榆垡镇内4家高星级民俗村，均存在缺乏合理的规划，盲目跟风开发民俗旅游资源，毫无民俗特色展现且同质化现象突出。此外，大兴区辖域面积1031平方千米，但乡村旅游景点分布范围广且分散，游客自驾游查找完善的旅游线路难度大，难以有效吸引游客前来观光旅游。

二、乡村旅游产品结构问题

总体上而言，大兴区地势平坦，属于平原地形，当前的乡村旅游发展主要依靠农业带动，主要旅游类型为采摘园和农家院，种类单一，并且大多形式相同或相似，竞争力不强，创新力度不够，从业人员分散。现阶段的乡村旅游多集中开发休闲农业和观光农业等旅游产品，而对乡村文化传统和民风民俗资源的开发重视不够。乡村旅游的开发依赖农业资源，缺乏文化内涵，地域特色不突出。例如，采育镇以葡萄采摘为旅游的宣传点，长子营镇以樱桃和草莓采摘为旅游宣传点，庞各庄镇以西瓜和梨采摘为旅游宣传点。但是长子营也种有葡萄，其种类和质量也很好，造成乡村旅游发展雷同和限制，缺乏文化创意和乡村旅游的附加延伸。

游客对乡村旅游的基本环境需求，功能需求和审美需求得到满足后，游客将要求有各种不同形式感受或活动的机会，以增加各种不同的乡村旅游体验，但是目前大兴区所开展的乡村旅游项目单一，景区缺乏长期引流的旅游景观或游乐项目，景区利用率低下，难以适应多变的市场需求，加之没有开发出知名而独特的纪念品、文化创意产品、地方特产等购物产品吸引游客，进一步降低了旅游体验。例如，大兴区生态农园采摘受农产品季节性影响，安定镇御林古桑园主要围绕桑葚开展桑葚采摘、桑葚文化节等相关主题旅游活动，但受到桑葚生长周期影响，采摘体验活动多集中在春季，而其他时节缺乏相应的旅游主题，长时间闭园导致园区资源利用率低，投资回报率低，对游客的吸引力下降。

三、乡村旅游基础设施建设问题

目前，大兴区乡村旅游的基础服务设施老化，相关配套设施缺乏，服务质量严重不达标。根据游客对乡村旅游需求，除了基本的生态农业旅游环境以外，游客也同时会考察旅游景点所配备的公共设施、娱乐设施、餐饮设施等基础设施的功能是否能满足其基本需要。然而，目前大兴区乡村旅游发展主要呈现简单化、低档次的农家乐经营，软服务质量不达标，乡村旅游从业人员素质低下，大多数管理者为当地农户或村委会村干部，基本思想观念没有从农户向旅游接待户转变，管理经验不足，服务意识薄弱，降低了乡村旅游服务的整体接待水平。

旅游基础设施投资不足，严重制约了当地旅游开发，最明显的便是缺乏相关餐饮住宿设施。据调查，大兴全区三星级以上的酒店仅有9家，其余大多数都是经济型的小宾馆，设施环境差，服务水平落后。餐饮情况同样如此，高端餐饮基本没有，旅游景区附近的餐饮基本上都是路边小饭馆、特色农家菜等。相关餐饮住宿设施跟不上，娱乐设施又少，游客只能参观一圈便走，从整体上无疑是降低了游玩体验感。

我们在调研中了解到，大兴区的方庄酒厂现在每天都有几百人来酒厂参观，这些人需要住宿吃饭，可是在大兴区却没有合适的就餐和住宿地点，不得已，方庄酒厂将每天两班的几百人拉到固安的牛驼镇去住宿吃饭。方庄酒厂的负责人反映，受接待条件限制他们现在只能开两班，条件允许的话还可以开三班、四班。

再例如，在采育镇、长子营镇、庞各庄镇走访调研采摘园相关负责人、园区餐饮部相关负责人、会议中心相关负责人、游客等，都共同提到了园区配套设施老化的问题，例如有些公共厕所是1997年建造的，到现在还在使用，需要更新和增加相关的公共服务配套设施，增加适合儿童游玩的娱乐设施。对于乡村的重大的会议中心、酒店和规模较大的旅游园区、采摘园区，缺乏路标指示牌，这对于乡村旅游资源的宣传和游客的游览造成诸多不便。

四、乡村旅游宣传营销问题

乡村旅游刚开始发展的时候，政府带头积极参与领导，市场反响较好，引来媒体争相报道。但政府力量撤出后，社会力量接棒跟不上，宣传力度逐渐减少。现有的宣传资源和渠道少之又少，知名度推广严重不足，无法为该地区带来大量而稳定的客源，制约了大兴区乡村旅游的发展。乡村旅游本身规模小而分散，地域性强，经营者大多都为小户，无力承担大额宣传营销费用。另外经营者普遍文化水平不高，不能充分利用当今社会最新的宣传营销方式。政府官网上的宣传信息不全，形式老化，不够新颖，无法有效的让游客获取信息并产生好感。例如采育镇葡萄大世界和庞各庄西瓜小镇访谈中提到的宣传问题，在很大程度上阻碍了乡村旅游品牌进一步发展和知名度推广。

五、乡村旅游人才培养问题

由于乡村旅游的开发和研究均处于较低层次,针对乡村旅游的经营管理人员相对较少,对乡村旅游从业人员缺乏系统有效的培训。乡村旅游管理人员和从业人员学历普遍不高,服务意识淡薄。乡村旅游的迅速发展与现阶段的乡村旅游经营管理人员和从业人员水平相矛盾,乡村旅游处于粗放经营,陷入轻管理、低质量、低收入的恶性物循环中,影响乡村旅游的旅游服务质量,制约乡村旅游业的发展。例如皇冠旅行社访谈中提到,大兴区旅游行业人才缺口严重,尤其是在旅游代理机构专业化经营方面,缺少相关复合型人才。

据大兴区统计局发布的数据显示,2016年大兴区乡村从业人员合计362814人,其中农业从业人员51364人,占乡村从业人员总数的14.2%,占比较少。通过实地走访调研了解到,乡村大部分劳动力外流现象严重,青年劳动力从事农业劳动的数量较少,主要为老人在家务农,乡村旅游人员也并不是专业从事乡村旅游行业,而是作为兼职或者副业,从业人员数量和服务质量得不到有效保障。

另外,复合型旅游人才供不应求,严重影响乡村旅游的持续健康发展,一方面,由于大兴区乡村旅游发展进入壁垒低,乡村旅游从业人员主要为当地农户,而农户受教育程度和服务素质普遍处于低水平,难以吸引或留住优秀人才,尤其是了解当地农村文化和民俗工艺,懂得农家乐或采摘园经营管理方式,懂得市场营销,通过多种途径推广当地乡村旅游特色的复合型人才。因此,形成了乡村旅游质量不高,无法吸引高素质人才,农户担当生产经营接待服务的职责,无法有效满足游客以及市场的需求,从而导致再无游客前来进行乡村旅游的恶性循环;另一方面,乡村旅游发展并没有从根本上改变当地居民的生活条件,也没有形成相应的保护机制,无法调动园区经营者或农户的积极性。

第九章　大兴区乡村旅游产业发展政策建议

在北京市疏解非首都功能的政策背景下，大兴区清理了较多低端的发展项目，传统农业和低端产业受到一定影响，加之大兴区在乡村旅游发展方面尚未形成完善的产业链和较高的品牌知名度。面向未来，大兴区乡村旅游发展仍然大有可为。从整体来说，大兴区乡村旅游发展前景良好，对改善农业供给侧结构，有效提高农民收入，促进全区旅游产业发展具有重要意义。

第一节　优化乡村旅游产业发展规划

发展乡村旅游需要将乡村旅游发展规划纳入城乡规划、国民经济规划和社会发展之中，完善乡村旅游规划体系，土地利用、城市化发展、美丽乡村建设、环境保护等因素存在牵一发而动全身的关系，所以当地相关部门应该科学地制定乡村旅游发展规划。在发展乡村旅游产业时必须认识到当地独具的特色，注重区域特色体现，同时为有效缓解乡村旅游普遍存在的"盲目开发"、"经营管理混乱"以及"千篇一律"的问题，相关部门应以一定基准指导发展具有区域特色的乡村旅游，突出特色旅游的吸引力，来减少乡村旅游的相似性，吸引更多游客。明确一个定位是指综合开发大兴区乡村旅游资源；突破两个难题是指国家土地规划指标和基础建设；解决发展乡村旅游面临的做什么、怎么做、为什么做三个重要问题；目前，大兴区旅游景区的用地大都是工业用地，而国家对于工业用地有严格的政策限制，这就导致大兴区的旅游景点的发展受到很大的限制。统筹发展乡村旅游可持续发展的生态维度、文化维度、产业维度、社会维度四个维度，协调政府、开发商、合作伙伴、农户与游客五种发展乡村旅游中的关系。如图9.1所示。

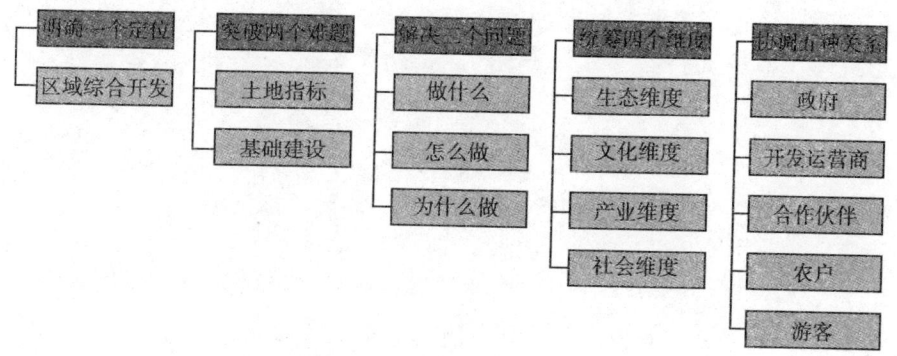

图9.1 乡村旅游规划体系

第二节　改善乡村旅游产品结构

一、丰富乡村旅游产品类型

乡村旅游产品类型单一是目前大兴区乡村旅游产业面临的主要问题之一。乡村旅游产品匮乏，品牌知名度不高，没有形成规模联动优势，这些因素严重阻碍了乡村旅游产业的发展。当务之急应加快乡村旅游开发进程，着力丰富乡村旅游产品类型，设计开发观光、休闲、体验、教育、购物等不同类型的旅游产品。积极推进农户、合作社与龙头企业的重点项目实施,打造现代化、规模化、多样化、综合化的乡村旅游龙头项目;依托各镇现有的北京市美丽乡村等资源,打造特色民俗乡村旅游;依托借鉴欧洲风情小镇游开发的欧式风情乐园,打造集观光体验、休闲度假、养生餐饮于一体的多功能乡村旅游度假区;综合各镇内特色的桑葚、樱桃、精品梨、桃、食用菌、西瓜、月季等农产品采摘园区、民俗村落以及文物古迹等汇聚大量旅游资源,打造具有大型特色的乡村旅游集群,形成良好的区域经济。此外,在深入挖掘乡村旅游产品价值的同时,策划举办酒桑葚旅游文化节、香草摄影节、西瓜节、梨花节以及礼贤庙会等系列乡村旅游节庆活动,实现大兴区乡村旅游长期可持续发展。

二、大力开发高附加值乡村旅游衍生品

在发展农村旅游经济时,不仅要注重景点景区的开发,同时也注重各种旅游衍生品的开发,深入挖掘乡村旅游的附加值。

首先,利用发展乡村旅游的机会大力发展本地特色农产品,一般基于"一村一品"的原则,如安定镇的桑葚、榆垡镇的精品梨等,依托本地重点龙头企业,基于本地产品进行农产品的深加工,以安定镇为例,除采摘出售新鲜桑葚以外,采摘园或农庄还提供精美的桑葚礼盒、桑葚酒、桑葚醋等精加工产品,便于游客携带、储存、送礼,通过产品的二次传播,吸引其他游客前来。因此,需要有创造性和针对性地开发乡镇特色农产品,打响农产品的品牌名声。

其次,深入挖掘乡村旅游中的文化资源的经济价值与社会价值,如乡村历史、古农耕文化、桑蚕文化、民俗建筑、地方戏曲、民族乐器以及少数民族风俗文化等,通过开发拥有纪念性、实用性、工艺性的旅游衍生品激发游客购买欲望;同时,也给予游客相应的文化价值体验。

第三节　完善乡村旅游基础设施建设

遵循"政府主导、市场运作、农民参与、科学开发、打造品牌"的发展思路，提升乡村旅游规模档次，需要把乡村旅游基础设施纳入城乡基础设施发展规划之中，优先发展水、电、道路交通、燃气、供暖等基础设施，采用以点带线的方式，把主要的交通干道和公共交通衔接到各大乡村旅游景点、园区，完善乡镇入口、景点园区入口以及道路交通的指示标志和交通引导牌，提高乡村旅游道路的质量和标准。在集中发展乡村旅游的民俗村，优先完善家庭污水处理和家庭垃圾收集和处理设施的建设，加快游客中心、停车场、共享自行车、公共厕所、医疗救护点、购物设施、娱乐设施等配套设施建设，加强综合环境管理，逐步推进乡村旅游公共服务体系建设，改善乡村旅游环境，给游客提供方便快捷和舒适度高的乡村旅游体验。规范乡村旅游经营管理，依据国家和北京市标准，引入星级服务标准和精细景区管理经验，积极推进乡村旅游景区标准化管理，完善乡村旅游住宿设施、餐饮、娱乐、购物等重点消费环节标准，实现诚信经营和优质服务，建立乡村旅游信用管理体系和质量管理体系。

第四节　加大乡村旅游产业扶持力度

财政部门每年设立旅游发展专项资金，专门用于旅游规划编制，支持旅游项目开发，完善新区旅游基础设施建设，示范园区、龙头企业建设，商品研发宣传推广，品牌创建奖励，开通多条公交线路，改善旅游发展基础条件，鼓励相关企业按照市场规则对旅游资源进行有序、有度、有整合、有效益的开发。对于各项支农、惠农资金，财政、发改、农发、农业、交通运输、水利、林业、文化、住建、环保等部门要向乡村旅游方面倾斜。加强对区内旅行社的扶持力度，一是对区内旅行社组织的推介大兴旅游的宣传促销活动予以补助；二是积极引导金融机构对区内旅游企业和旅游项目加大融资支持，扶持区内旅游企业做大做强，提高接待能力；三是建立激励机制，对吸引游客到大兴参观旅游贡献大的旅行社给予相应的奖励，提高旅行社推介大兴旅游资源的积极性。

把乡村旅游建设用地纳入城乡建设规划、土地利用总体规划，在土地利用年度计划中优先保障用地需求。科学引导和鼓励农村集体经济组织利用集体土地，或者农民以土地承包经营权与企业合作开发乡村旅游项目。发展乡村旅游涉及建设永久性餐饮、住宿用地的，支持依法办理农用地转用等审批手续。鼓励利用荒山、荒地、荒滩等开发乡村旅游。重大旅游项目新建、改建、扩建等需调整土地规划的，可依法申请调整。

让农户参与到乡村旅游业中是农户增加收入和保障其利益诉求的有效途径。因此政府需要采取有效激励措施，积极引导农户参与到乡村旅游业发展的每一个环节，使其成为乡村旅游发展的真正受益者。此外，农户参与到乡村旅游过程中，一方面，可以有效提高旅游产品质量，增强乡村独特的文化氛围，增强乡村的吸引力；另一方面，农户亲身参与到旅游开发当中，能够在满足其利益需求的同时深刻认识到保护农村自然生态环境和乡村文化的重要性，从而积极保护生态环境和乡村文化，进一步促进乡村旅游的可持续健康发展。

第五节　加强乡村旅游宣传营销力度

乡镇政府应出台相关市场宣传营销激励政策，建立上下衔接联合、部门相互推介的合作推广机制，不断创新推广乡村旅游的营销方式，与大兴本地旅行社、京内旅行社以及其他相关组织合作，形成互推互助的联合营销推广方式，实现双赢；积极与传统媒体如大兴电视台、广播等，新媒体如微博、微信、贴吧、旅游网站、旅游APP的合作，推进宣传乡村旅游项目，开展营销活动，如乡村旅游邀请体验活动、乡村旅游推介会等，努力提高大兴区乡村旅游的知名度和美誉度。加强乡村旅游产品的组织、规划和包装，设计大兴个性化形象标识，打造大型旅游品牌。丰富乡村旅游模式，科学规划与设计大兴区不同的主题特色的精品旅游线路。

第六节 提高乡村旅游产业从业者整体素质

振兴乡村旅游发展，需要优秀的复合型旅游服务人才，提升大兴区乡村旅游从业者的服务水准是当前最重要、最迫切的现实任务。

一、深入实施"人才引进"战略

深入实施"人才兴旅"战略，把培养引进旅游高端人才工作纳入大兴区人才工程，引进一批国内外高端旅游策划、经营管理人才；逐步推行乡村旅游从业人员持证上岗制度，与驻区民办大学、职业学校合作，培养熟悉大兴旅游资源、具备导游资格的专业接待人员到本区旅行社或景点担任讲解员、导游员，从而提升大兴旅游整体形象。

二、大力弘扬优秀人文精神

乡村旅游服务水平往往与地区文化价值观、职业道德、社会价值密切相关。优秀人文精神的传播往往渗透到周到、细致、及时、便捷的旅游服务当中。而世界著名的观光景点都有一个显著特征便是所提供的都是高品质和高标准的旅游服务。以欧洲风情小镇为例,无论规模大小,在火车站或市政厅都设有旅游咨询服务中心提供免费旅游地图、指南、旅游信息咨询等服务,此外还有专门的人员讲解,游客甚至无须预订,只要在指定时间段到达指定地点便有导游带领游览。大力弘扬优秀的人文精神,传播先进的文化价值观,对于提升大兴区乡村旅游质量具有重要意义。

三、强化培训,培养复合型人才

复合型人才是当今社会发展乡村旅游重要资源,而乡村旅游要持续、稳定发展,就必须不断提高乡村旅游从业者的整体素质。在旅游接待户或农户进入乡村旅游行业之前,相关部门应对其进行旅游管理、市场经营、服务技能、法律法规以及环境保护等方面的培训,且对乡村旅游中的旅游接待户和农户的培训应持续不断,将定期与不定期培训相结合,努力建设学习型乡村居民旅游服务团队,不断提高乡村居民的服务技能与综合素质,为乡村旅游发展提供人才保障。乡村居民积极参与培训、投身乡村旅游活动,对乡村居民而言,有利于提高其个人素质,增加其收入水平;对旅游经营者而言,为乡村旅游持续发展提供了人力资源保障。同时,要采取有效措施,从外部吸引并留住优秀旅游人才,特别是既懂经营管理、又懂市场营销且谙熟乡村文化的复合型人才,为乡村旅游发展提供人才保障。

第七节 注重现代化互联网技术在乡村旅游中的应用

大力发展乡村旅游经济,需要借助先进的互联网技术,形成"农业+旅游+互联网"的模式,一方面能够借助互联网平台高效率、短时间实现大面积传播乡村旅游信息，减少通过传统媒体宣传消耗的大量时间成本和人力成本，另一方面农产品通过电商平台推广，使乡村能够获得更多经济效益。大兴区发展乡村旅游时，需与时俱进，充分利用互联网技术、大数据、云计算等新兴技术，有针对性地满足游客多方面需求。有效管理和使用已建立起来的旅游推广平台，如大兴旅游APP、大兴区旅游发展委员会网站，把乡村旅游项目信息通过专题专栏方式归纳总结，多方位宣传乡村旅游特色，扩大旅游宣传面，吸引更多游客前来观光旅游。

第三部分
乡村旅游产业发展成功案例
—— 陕西礼泉县袁家村发展案例分析

第十章　创新与共享：
袁家村的乡村振兴之路
——关于袁家村模式的调查和思考

袁家村隶属陕西省咸阳市礼泉县烟霞镇，位于九嵕山山麓。关中环线沿村而过，距福银高速、312国道不到10分钟路程，距离西安咸阳机场35公里。交通十分方便，区位优势明显，全村62户286人。从20世纪70年代至今，袁家村始终以壮大农村集体经济为主线，以共同富裕为目标，自主创新，积极探索产业共融、产权共有、村民共治、三共融合的包容发展之路，成功探索出了一条破解"三农"难题，建设美丽乡村，实现乡村振兴的新路径。2018年，接待国内外游客量达580万人次，村集体经济从2007年1700万元增长到2018年5亿元，农民人均收入由2007年的8600元增长到10万元，先后被评为国家AAAA级旅游景区"中国十大最有魅力休闲乡村""全国乡村旅游示范村""全国一村一品示范村"。

袁家村耕地不足千亩，以前也是个"点灯没油、耕地没牛、干活选不出头"的"烂杆村"。20世纪70年代初期，郭裕禄担任了村党支部书记，带领村民艰苦奋斗学大寨，找水改土，粮棉产量过黄河、跨长江；80年代，又抓住改革开放机遇，捷足先登，大力发展乡镇企业，经济实力大增，家家户户都住上了村集体统一建设的二层小洋楼，成为令人羡慕的小康村、文明村。后来由于国家产业政策调整，清理整顿乡镇企业，村办企业先后被关闭，青壮年劳力都外出打工，袁家村沦为典型的"空心村"。2007年，在改革开放中成长成熟起来的郭占武，从父亲郭裕禄手中接过村党支部书记的担子，带领乡亲们以乡村旅游为突破口，打造农民创业平台，解决产业发展和农民增收问题；以股份合作为切入点，创办农民合作社，解决收入分配和共同富裕问题。通过一系列创新实践，成功探索出一条破解"三农"难题、实现乡村振兴的新路径。

袁家村从实际出发，量力而行，循序渐进。不贪大求全，毕其功于一役。把乡村旅游作为袁家村发展的突破口，全面向服务业转型。

2007年以来，陕西省礼泉县袁家村以乡村旅游为突破口，打造农民创业平台，解决产业发展和农民增收问题；以股份合作为切入点，创办农民合作社，解决收入分配和共同富裕问题。通过一系列创新实践，成功探索出一条破解"三农"难题、实现乡村振兴的新路径。

袁家村创新发展的思路和经验，引起社会各界的广泛关注和充分肯定，在全省乃至全国产生越来越大的影响。前来参观、考察和学习者络绎不绝，据不完全统计，2017年有多达29个省、市（自治区）的各级党政领导和部门计千余批次到访，开发区、特色小镇、旅游景区、文旅企业、高校和科研机构，以及乡镇村组考察团更是不计其数。中国乡村振兴袁家村课题组对袁家村进行了长期深入的观察、调研和思考，尤其是进村入户，面对面直接和干部群众交流，获得很多第一手生动鲜活的材料，更加深了对袁家村的认识和理解。"袁家村模式"为贯彻落实2017年《中共中央 国务院关于深入推进农业供给侧结构性改革加快培育农业发展新动能的若干意见》、2018年《中共中央 国务院关于实施乡村振兴战略的意见》，提供了一个鲜活的样本和范例，对其他地区的乡村建设、发展和振兴具有重要的启发和借鉴意义。

"袁家村模式"是袁家村人在党的领导下，把农民组织起来，自主创新，有效解决"三农"问题，实现乡村振兴的思路和经验总结。

第一节　以支部为核心，以农民为主体

袁家村是个只有62户286人的小村子。地处关中平原，渭河之北，干旱贫瘠，资源匮乏。历史上是个"点灯没油、耕地没牛、干活选不出头"的"烂杆村"。20世纪70年代，老书记郭裕禄带领村民艰苦奋斗，打井找水，积肥改土，粮棉产量跃居全省前列，甩掉了贫困帽子。80年代，抓住改革开放机遇，大力发展村办企业，改善村民生活，壮大集体经济，民富村强，成为陕西著名的"富裕村""小康村"。郭裕禄同志是袁家村社会主义新农村建设的开拓者和奠基人，是陕西和全国农业战线上的一面旗帜。历任党的十一大、十二大和十四大代表，荣获"全国劳动模范""全国优秀党务工作者"等称号，多次受到党和国家领导人的接见和赞扬。其不甘落后、敢为人先、自力更生、开拓进取的精神成为袁家村人的宝贵精神财富，为袁家村的二次创业、转型发展提供了强大的精神动力和力量源泉。

20世纪90年代后期，随着国家产业政策调整，一些落后产能，高耗能、高污染的村办小企业陆续破产倒闭。2000年以后，集体经济萎缩，村民收入下降，袁家村逐渐沦为一个空心村。袁家村还有希望吗？村民出路在哪里？这个问题再次拷问着不甘沉沦的袁家村人。

2007年新选出的党支部义无反顾地担当起二次创业，振兴袁家村的光荣使命和责任。支部一班人有理想、敢担当、事业心强、责任心重，对群众感情深，对自己要求严。支部书记郭占武同志思路清晰、目标明确、心胸宽广、干事执着。上任之初他代表党支部和村干部向全村村民郑重承诺和表态，要千方百计谋发展，带领乡亲们奔小康，绝不让一家一户掉队。并要求全体干部不谋私利，以身作则，全心全意为群众服务，以实际行动取信于群众。十年来，党支部始终是全村的核心，时时刻刻发挥着战斗堡垒作用。方向支部定，大事支部决；支部是群众的主心骨，支部是干部的指挥部。支部有思路，支部有能力，支部有威信，支部有感情。袁家村党支部把为群众办事，为群众谋利作为一切工作的出发点和落脚点。凡举一事、出一谋，必看群众是不是答应，群众是不是受益，群众是不是满意。坚持这个标准，什么事该干，什么事不该干就有了答案。从开办农家乐、建造民俗街到兴办作坊、成立合作社，从招商引资到进城出省，都是支部先拿主意，交由群众讨论，征求意见到户，思想工作到人。因为认识一致，思想统一，"人心齐，泰山移"，才能举全村之力，求快速发展之效。村民宋应军家孤儿寡母，生活困难，但在支部的直接帮扶下,盖起了新房,搞起经营,生活越过越红火。宋应军说再困难的时候也没有灰心丧气,因为他坚信党支部和郭书记不会丢下他家不管。邻村袁坡村村民袁古川妻子常年卧病,举债度日,党支部对他特别帮扶,将其聘为景区保洁员,负责垃圾转运,年收入提高了很多,彻底摆脱了贫困。袁古川感激地说:"没有郭书记和党支部帮助,我家早就烂包了,做梦也想不到能过上今天的好日子。"他还自编顺口溜,吟唱新生活。按摩师张印民,是从河南来的"外来户",拖家带口来到袁家村的时候身无分文,袁家村接纳了他,并为他提供了创业条件。张印民凭借祖传的技能和手艺,为茶馆游客提供按摩服务。随着游客量的增多,他又组织起一支数十人的按摩服务队。旅游高峰期,这支队伍成员达百人之多。张印民凭借自己高超的手艺和憨厚实诚的性格,获得了村民和游客的一致赞扬,生意越做越好,年收入达到四十万元。张印民不仅自己致富,还通过传授手艺、培养徒弟,带动更多的农民就业增收。他一家能够在袁家村安居乐业,过上今天的幸福生活,与郭占武书记和党支部的指导、帮扶分不开。吃水不忘挖井人,张印民始终铭记着袁家村给他的一切,抚今追昔,每当他讲起自己天翻地覆的生活变化,感激之情溢于言表。为了让更多的乡亲沾上袁家村旅游的光,郭占武还特意在景区和道路两侧设置摊位,让周边一些老弱病残村民售卖自家的农产品和野菜野果以增加收入,改善生活。袁家村正是有这样一个坚强有力的党支部和一心为民的好书记,有这样一支懂农业、爱农村、爱农民的"三农"工作队,才能保证把党和政府的各项惠农政策落到实处,把党中央和习总书记对农民的关怀送到农民的心坎上。袁家村就像一个大家庭,里面的每个成员都感受到党的温暖,脸上都洋溢着幸福的笑容,村子里处处充满着喜悦与祥和的氛围。

2018年中央一号文件强调"坚持农民主体地位,充分尊重农民意愿,切实发挥农民在乡村振兴中的主体作用"。"三农"问题的核心是农民,如何确立农民的主体地位关乎乡村振兴的成败。自20世纪70年代末在农村推行家庭联产承包责任制以来,伴随着市场经济的冲击、城市化进程和人口流动的加快等因素,农民的"去组织化"和边缘化日趋严重,已成为乡村建设和乡村振兴中的突出矛盾和严重障碍。袁家村在发展之初,党支部书记郭占武就明确提出自主发展的路径。他们没有等、靠、要,也不迷信,不幻想外部力量。坚持村民的主体地位,树立村民的主人翁意识,让村民当家作主,自主发展、自我发展,直接承接党和政府的各项惠农政策。郭占武认为只有把自己村子的产业做好做强做大,才有可能形成吸附效应,汇集各种资源。袁家村在坚持自力更生的同时,积极引进和吸纳外来资本和资源,为我所用。目前在袁家村投资的外来资本规模和项目总量都远远超过村自有投资和项目。凡是符合袁家村的发展需要和确保村民利益的项目就能落地。凡是不符合本村发展规划的、短期行为的、失去控制权的项目,一概拒绝。近几年袁家村旅游红红火火,一些资本看好袁家村的人气和市场,或想搞房地产开发,或想转移落后产业,因为与袁家村的发展理念和思路不一致而拿不到通行证。无论来自外界的诱惑和压力有多大,郭占武和党支部都不拿村民的自主权和控制权做交易,坚持农民主体地位不动摇,确保全体村民的根本利益和长远利益。随着袁家村不断发展壮大,村子的有形资产和无形资产价值不断攀升。进入袁家村创业平台的投资人、参与者也越来越多,合作共赢、共建共享的理念成为大家的共识。但是,袁家村的平台、袁家村的品牌、袁家村的产业都牢牢掌握在袁家村人自己手里,可以共享,绝不出让。袁家村的重大决策、袁家村的利益分配、袁家村的对外合作都由袁家村人自己说了算,可以集思广益,必须以"我"为主。

党的十九大报告指出"有事好商量,众人的事情由众人商量,是人民民主的真谛"。2018年中央一号文件提出"构建乡村治理新体系"。袁家村在乡村治理和村民管理方面的探索取得了重大突破和成就。村民自治、村民财产权益都在发展中得到充分体现和保障。村中事务,无论巨细，都会摆到台面上由所有村民共同商议决定，村民或商户对村庄事务的参与几乎是全方位的，这充分发挥了基层党组织调动农民积极参与村庄事务的功能，集体决议保证了政策与制度在制定与推行过程中的透明化，打消了村民的种种顾虑。另外，村民集体决议给全体村民提供了发表意见的场合和机会，等于是给村庄的平稳运行安装了"安全阀门"，村中所出现的各种问题与矛盾都会通过民主渠道在公开场合得到纾解。这种由村民自我寻求解决问题的方式，不仅没有给政府添麻烦，而且还有效促进了村民、商户之间的沟通与团结，同时也在一定程度上保证了村政决策的顺利执行。草根民主在袁家村已经成为村庄事务决议的典型特征。今天的袁家村发展迅猛，人员陡增，传统的现场会议形式已无法满足村治理的需要。针对现实状况，袁家村与时俱进，充分利用互联网技术，在管理形式上既有线下的村民大会、股东会、座谈会和协商会等现场会议，同时还有线上的各种大大小小的以微信和QQ组成的"群"，工作群、实战群、合作社群、村民群、商户群、文创群、培训群、客栈群、进城群、出省群等有十几个之多。"群"已经成为袁家村进行组织管理、传达信息的重要平台。这种便捷高效的线上管理方式不仅有助于村干部传达各种上级精神和村庄事务安排，更充分保证了广大村民和商户能够及时获取信息，同时也为袁家村的各类群体提供了重要的意见表达渠道。

以民为主、群众参与不仅表现在村民集体决策、集体共享发展红利上，还表现在村民的自我管理上。很多地方的农民在突然富起来以后，往往会出现很多不良社会现象与心理问题，从而影响乡村社会秩序的正常运转。但是在袁家村，却看不到因为"有钱"而萌生的弊端。尽管小吃街上的普通店面一年都能盈利数十万甚至上百万，但是每个商户或村民依旧保持着农民淳朴本色，勤恳做事、亲和待客，没有任何的傲慢、浮躁情绪。

袁家村之所以能形成"富而不骄"的社会特征，主要归因于村民自发组织进行的思想道德教育与学习。针对收入急剧增长以后有可能出现的农民的心理膨胀、互相攀比问题，村里设立了"道德讲堂"和"明理堂"，在发现不好的苗头以后由村干部组织对相关村民进行教育，并进行忆苦思甜活动。通过抚今追昔的"自省"与"自醒"，明辨是非的"讲理"和"明理"，让富裕起来的村民再次认识到今天美好生活的来之不易，去除他们的骄傲情绪、攀比心理。通过持续不断地教育和引导，也让袁家村的村民和商户充分认识到彼此都是互相关联、互相依赖、互相影响、互相补充的大家庭中的一员，每家每户都是袁家村这个整体系统中的一分子，如果离开村集体，就一无所成，更不会有让人称羡的成绩，即"整体大于部分之和"。广大村民和商户提高了认识，更加热爱村集体，更加关心村集体。

袁家村村民对自己充满自信，对生活充满自信，对未来充满自信。对比目前各地普遍存在外来资本下乡，主导和把控乡村旅游、特色小镇和乡村建设，村民失去土地、失去话语权、失去自信心，同时也失去主体地位，成为附属，被边缘化的情况，袁家村的经验尤为宝贵，发人深省。袁家村就像一面镜子，折射出各地乡村旅游、特色小镇、田园综合体和美丽乡村建设中普遍存在的问题和困境。

第二节　因地制宜，自主创新

2007年以前的袁家村是个典型的"空心村"，青壮年外出打工，老弱病残守家，萧条破败，没有生气。村子东西一条街，南北两排房，既没有绿水青山的美景，也没有古镇老村的风貌，搞旅游没有任何可资利用的先天资源和独特优势。一些专家学者考察后认为袁家村根本不具备搞旅游的条件，建议另找出路。党支部书记郭占武超越陈见，大胆创新，提出以乡村旅游带动产业发展的新思路。他见人所未见，闻人所未闻，化平凡为神奇，发商机于寻常。与一般乡村旅游把自然景观、人文景观或人造景观作为吸引核不同，郭占武从村民的日常生活中挖掘资源，从乡村的传统习俗中挖掘资源。以村民为核心价值，把恢复关中民俗、重建乡村生活作为旅游吸引核，打造出具有独特性和唯一性的目的地景区，成功解决了"空心村"如何吸引游客来的问题。并在不断满足市场需求和推进产业化的过程中，逐步解决村民收入分配和共同富裕问题，实现乡村振兴。最终形成袁家村的超级 IP 和知名品牌。袁家村模式不是一般意义上的商业模式，而是重建乡村生活，实现乡村振兴的思路和经验总结。袁家村发展乡村旅游的商业模式建立在以农民为主体，把农民组织起来的组织模式之上。在袁家村具有旅游 IP 和品牌价值之后，袁家村的乡村旅游和三产融合模式完全可以走出去，在异地复制和发展。从 2007 年起步到 2010 年红火，再到 2012 年火爆，仅用了三至五年时间。这期间，袁家村在没有任何外部专业机构和专业团队的帮助和参与下，在没有政府财政资金投入、银行贷款、社会融资和社会资本进入的情况下，自立项目、自筹资金、自组团队、自己策划、自己规划、自己设计。家家参与、人人上阵，群策群力、苦干巧干，因陋就简、变废为宝，能不花钱就不花钱、能少花钱就少花钱。"四两拨千斤"，用微不足道的一点启动资金，郭占武带领全村的父老乡亲，硬是在一片旧厂区的废墟和荒沟荒地上建成了今天享誉全国的关中印象体验地旅游景区。使关中民俗再现神韵，大放异彩；让乡村生活生机勃勃，魅力无穷。从"异想天开"到"无中生有"，是创新创造了奇迹，创新创造了价值，创新让袁家村走出困境，并焕然一新，充满活力。

　　创新是袁家村发展的动力，创新是袁家村发展的法宝，创新也是袁家村最大的资源。唯有不断创新袁家村才能不断发展。郭占武及其创新团队具有强大的创新能力，从发展理念、产业路径到总体规划、街区布局，再到店面风格、产品包装，都以创新为准则。今天游客流连忘返、陶醉其中的康庄老街和作坊小吃街，既是传统的继承，更是创新的发展。用一条蜿蜒曲折的老街汇聚关中美食，传统手艺、真材实料、现做现吃，让游客目击一碗面从食材加工（面、油、醋等作坊）到手工制作（小吃街店铺）的全过程，体验袁家村"农民捍卫食品安全"的真人秀和现场版，就是一大创新。因为气候等自然条件，过去关中人没有在户外喝茶休闲的习惯，袁家村通过打造一个小环境、营造一个小场景，让游客仿佛置身于江南、蜀中，品茗、听戏、按摩、采耳、歇息，成为游客的最爱，周末、节假日一座难求。各个独具特色、风格迥异的民宿客栈，个性鲜明、推陈出新的文创工作室，洋溢着农家气息的作坊店铺，无不体现创新者的奇思妙想和匠心精工。将那些失去劳动力的老人安排在景区下棋玩牌，再做些力所能及的卫生保洁，不仅为景区增添了生活气息和民俗趣味，成为游客围观拍照的亮点，也增加了村民的收入。创新，创出新业态；创新，创出新亮点；创新，让袁家村的乡村旅游和创意文化新意迭出、魅力无穷。

一、自主创新，逐步升级

郭占武及其创新团队从实际出发，量力而行，循序渐进。不贪大求全，毕其功于一役。把乡村旅游作为袁家村发展的突破口，全面向服务业转型，并提出分步实施、逐步推进的发展思路和战略。在全国率先奏响节奏分明、曲调流畅的美丽乡村和特色小镇建设的三部曲。

第一部：关中民俗，乡村生活

以留住乡愁为主题，恢复关中民俗，重建乡村生活。以传统老建筑、老作坊、老物件等物质文化和非物质文化遗产所代表的关中民俗文化为内涵，以当地农民参与经营和乡村生活一体化为特征，建设关中印象体验地村是景区，家即景点，村景一体、全民参与的体验式旅游景区。充分满足都市居民和游客寻找乡愁、体验民俗，感受独特乡村生活的需求。游客可以长时间、多角度、全方位、零距离体验村民生活的真实性和独特魅力。同时也解决了村民的就业和收入问题。袁家村逐步恢复了生气和活力。

第二部：文创时尚，休闲度假

经过几年发展，袁家村以关中民俗和乡村生活为主题的乡村旅游愈加彰显其独特魅力，客流量持续攀升，村民收入不断增加，为业态的提升和扩展提供了必要的基础。2012年后，以艺术长廊、书屋客栈、咖啡酒吧、创意工坊等新业态和文创青年、时尚达人参与投资经营的新业态为特征，增加和丰富了景区的经营项目和服务功能，进一步满足都市居民休闲度假和文化消费的需求，并吸纳周边更多农民就业和参与。逐步实现了阳光下的袁家村向月光下的袁家村的转变，即由一日游向两日游、多日游和度假游转变。都市人下乡投资和创业不仅丰富了袁家村的业态和内容，更提升了袁家村乡村旅游的品质和层次，袁家村逐步多元化。

第三部：特色小镇，幸福家园

2014年后，袁家村成为全国乡村旅游的标杆和典型，IP价值愈加放大，品牌效应日益显现。也产生了强大的吸附力，成为投资创业的热土。以更多资本和人才进入，带来更多要素和资源，全面扩大、充实和提升袁家村关中印象体验地社区和景区为特征，形成基础设施完备、服务功能齐全，各类人才聚集，三产融合发展；既有田园风光，又享时尚生活；既有现代气息，又有乡愁民俗，产业特而强、功能聚而合、形态小而美、机制新而活，宜业宜居、开放多元的特色小镇和幸福家园，充分满足人们对高品质生活的向往和追求。袁家村初步实现了农民职业让人羡慕、乡村生活让人向往的美好愿望。

十年磨一剑。袁家村创新发展成就斐然、硕果累累。原来的袁家村是东西一条街，南北两排房，工厂废墟多，环境脏乱差。今天的袁家村·关中印象体验地景区规模宏大，特色鲜明，设施完善，功能齐全。农家庭院、民宿客栈、康庄老街、小吃街、作坊街、回民街、祠堂街、书院街、酒吧咖啡街、大剧院、宝宁寺、观音殿、魁星阁、敬天楼、秦琼祠、财神庙、土地庙、烟霞草堂、惟德书屋、关中戏楼、民国建筑等鳞次栉比，美不胜收。袁家村是国家 AAAA 旅游景区、中国十大美丽乡村、全国乡村旅游示范村、中国十佳小康村、中国最有魅力休闲乡村、国家特色景观旅游名村、全国一村一品示范村、中国乡村旅游创客示范基地等殊荣。小小村子会聚千余创客，吸纳 3000 多人就业，带动周边数万农民增收，2017 年接待游客达 500 万人次以上，旅游总收入逾 3.8 亿元，村民人均纯收入 10 万元以上，村民财产性收入更是成倍增长。"空心村"变身为中国最美乡村、最具特色小镇。

二、转型升级，进城出省

近年来国内乡村旅游的大潮方兴未艾，袁家村全国成为行业的领头羊和风向标以后，各地开始竞相模仿、复制和克隆袁家村商业模式。郭占武没有满足于现状，而是居安思危，先行一步，2012 年即开始筹划转型升级，由乡村旅游逐步向乡村度假转型，并且陆续引进和打造出一批以左右客、生活客栈、田间、里居、沐舍、秋田、竹风堂、香舍、澜庭、豫园、关中原宿、绒花阁、旅迹、桐咖啡等品牌为代表的高端休闲度假产品。袁家村从最初的民俗街和农家乐发展为现在多种业态集聚的态势，可以视为由 1.0 版、2.0 版向 3.0 版、4.0 版升级的过程。同时，袁家村还于 2015 年实施"进城出省"的走出去战略。以全新的理念，创新的模式，进军西安高端商业综合体，把袁家村的关中小吃美食搬到都市市民的家门口。曲江银泰城的袁家村餐饮体验店一开张就异常火爆，"农民捍卫食品安全"的承诺和誓言感人至深，袁家村人的诚信赢得广大消费者的信任和青睐，由村民入股的 600 万元投资仅九个月就全部收回。陆续开业的赛格国际、奥莱砂之船、胡家庙万和、咸阳正兴等连锁店都表现出很强的盈利能力，也受到资本市场的追捧。预计一至两年内袁家村可以开办十余家城市体验店，年营业收入可达 3 亿元以上。这个板块对接资本市场，在不远的将来，袁家村健康餐饮将会走出陕西甚至走出国门，谋求更大的市场和发展。在西安市餐饮行业激烈竞争中脱颖而出的袁家村小吃，是袁家村人创新发展的又一个成功经验，也是供给侧结构性改革的一个典型案例，值得进一步深入研究和总结。

2016年，郭占武抓住国家推动特色小镇和美丽乡村建设的机遇，经过全面实地考察和深入调查研究，决定实施袁家村"出省"战略。郭占武创新团队整合人才、资本和市场资源，凭借独特的发展思路、创新能力和成功经验，依托大都市大景区，与当地政府和企业合作，强强联合，优势互补，打造具有当地地域民俗文化和历史特色的体验景区，输出袁家村品牌和商业模式，展示出良好的市场前景。目前以各种形式合作的在建项目和意向项目已达十余个之多，分布在山西、河南、浙江、江苏、湖北、河北、青海和北京、山东等省市，将逐步完成袁家村在全国的战略布局，也将对各地乡村旅游、特色小镇、田园综合体、农民增收、精准扶贫以及乡村振兴产生积极的影响和示范作用。

三、自我总结，输出智力

袁家村的创新发展和成功经验受到全国各地的关注和重视。前来考察学习者络绎不绝。但是走马观花看不出门道，蜻蜓点水取不到真经，纸上谈兵落不到实处。如何讲明白袁家村模式，如何让外界弄懂袁家村模式，如何让更多的乡村和企业从袁家村的成功经验中受益。郭占武以推广袁家村模式为契机，创办"袁家村美丽乡村建设培训中心"，陆续开办"袁家村乡村旅游培训学校"、"袁家村三农工作村干部培训学校"和"袁家村乡村振兴研习社"。在2010年，郭占武组建了"袁家村发展战略和总体规划课题组"，2015年又成立"中国新农村建设袁家村课题组"，2017年更名为"中国乡村振兴袁家村课题组"，对袁家村进行理论研究和经验总结，对外输出袁家村发展思路和经验的各项智力成果。袁家村的培训是创新培训、现场培训和实战培训。与其他商业机构所组织的培训不同，袁家村主要依靠自身力量进行课程讲授，由"袁家村人"讲"袁家村"。在培训过程中，通过面对面、接地气的讲师授课、专家指导、干部传经、村民座谈和实地观摩、答疑解惑、交流互动等现场教学、实战教学形式，使学员全面了解和掌握以下内容：（1）袁家村把农民组织起来的方法、步骤和形式；（2）袁家村特色小镇、美丽乡村建设的思路和经验；（3）袁家村发展乡村旅游的思路、做法和经验；（4）袁家村资源变资产、资金变股金、村民变股民的做法和经验；（5）袁家村三产融合发展的特点和经验；（6）袁家村进城出省走出去的战略布局；（7）袁家村的股份合作制和集体经济；（8）袁家村的民俗文化和创意文化；（9）袁家村的建筑风格和街区规划；（10）袁家村的业态、业态升级和新业态规划；（11）袁家村的选商和商户培养；（12）袁家村的运营和管理；（13）袁家村的食品安全和保障体系；（14）袁家村的农民教育和村规民约；（15）袁家村的政府关系和周边环境；（16）袁家村的党建和党支部、村委会工作；（17）袁家村实施乡村振兴和百年袁家愿景的中长期规划等。

在以往的培训中，参加培训的学员来自全国21个省市（区），既有市县、乡镇领导干部和村支部书记、村长骨干，也有高校、开发区、特色小镇和文旅企业的负责人和企业家。回访调查显示，有95%的学员对培训的内容和形式非常满意，有98%的学员认为完全达到了培训目的，有超过一半的学员希望再深入研修。国家乡村旅游人才培训基地聘请郭占武为专家委员会委员、宰老师为产业导师，将袁家村作为其实训点，中国社会科学院把袁家村作为乡村旅游研究基地，甘肃省政府特聘郭占武和宰老师为旅游智库专家，并将袁家村作为甘肃省乡村旅游培训基地。江苏省泗洪县党政领导干部培训班、贵州遵义新区培训班、甘肃各地市培训班、辽宁港湾旅游投资有限公司（国资）培训班、辽宁沈阳兴隆集团（民企）培训班、壹方城特色小镇游学团等都对袁家村的培训工作给予高度评价和赞誉。大家一致认为通过培训学习，不仅加深了对袁家村模式的理解和认识，更真切感受到袁家村敢为人先的创新精神和实干精神。台湾地区前行政管理机构客家委员会副主任、台湾百亿桐花祭操盘手、著名文创大师庄锦华女士在带队游学袁家村之后深情地说，袁家村是一个让人感动，把心留住的地方，并在其新著《桐花蓝海——特色小镇文创宝典》一书中把袁家村作为经典案例给予了深入剖析和充分肯定。浙江旅游职业学院教师左红丽参加培训后感慨道，袁家村模式培训从内容到形式都有很多创新，这正是院校教学所欠缺的，很值得借鉴和学习。中山大学旅游学院博士研究生关晶通过参加在袁家村的考察和培训对乡村旅游有了全新的认识，撰写了《对袁家村乡村旅游发展的思考和浅见》一文，并将袁家村作为其博士论文的案例地，对村子的组织管理、景观布局和遗产传承情况进行研究。袁家村的培训没有依赖外部资源，没有聘请外部专家学者，完全依靠自己，通过内部培训，自我总结，自我提升，自我完善，郭占武创新团队主要成员、村干部、村民和商户代表纷纷走上讲台，成为专题讲师或案例讲解员；通过创新培训方式，摒弃"假大空"，力求真实性。重大问题追根朔源，发展过程还原再现。使袁家村模式的内容具体直观，问题明确清晰，有很强的针对性、实用性，学员易学易懂，能够实操落地。

  袁家村人对自己的发展思路和经验进行概括总结，逐步系统化、理论化，初步形成了较为完备的教材教案，通过政府、高校和智库的高层论坛演讲，报告会、讲座和培训向全国各地推介袁家村模式。目前，袁家村已经具备乡村旅游、特色小镇和美丽乡村建设的策划、规划和设计能力，提供咨询顾问、系统策划和规划设计等服务业务，通过这些形式更为有效地向外输出智力成果。这在中国农村还是第一例，具有里程碑意义和特殊价值。郭占武还通过发起"乡村振兴百村联盟"行动，携手全国各地在实施乡村振兴战略中坚持以支部为核心、以农民为主体，创新发展，成就突出的乡村共同搭建第一个中国农民自己的交流分享平台，目前已联合浙江、河南、四川、浙江、山西等地若干村进行遴选理事、起草章程等筹备事宜。未来的袁家村将为中国的乡村振兴事业作出更大的贡献。

四、一个品牌，两个产业

经过十年发展和积累，未来支撑袁家村做大做强、可持续发展的一个品牌和两大产业已逐步形成，清晰可见。

袁家村品牌是以农业、农村和农民为内涵的"农"字号品牌，其产业与农业、农村和农民紧密相连、息息相关。以发展"三农"为目的、以服务"三农"为使命，是解决"三农"问题、实现乡村振兴的探索者、创新者和引领者。

打造以民俗文化和创意文化为核心的个性化、高端化和系列化文化旅游产品产业链，逐步覆盖全国中心城市的袁家村品牌地域民俗体验景区，使袁家村品牌价值不断放大和提升。

打造以食品安全和健康餐饮为核心的农副产品的种养殖、加工包装和营销产业链，逐步覆盖全国市场的袁家村品牌农副产品和特色餐饮，使袁家村的市场价值不断得到放大和提升。

袁家村品牌旗下的两大产业，是袁家村未来发展的主导产业。设想用三到五年时间，借助资本市场和整合优势产能，线上线下，开拓市场，在全国旅游市场和农副产品市场占有一席之地并初具规模，为进一步发展创造条件和奠定基础。

郭占武提出的"袁家村品牌＋创新团队＋资本＋互联网"新思路、新模式将为袁家村的发展提供更为广阔的空间和前景。

五、袁家村是乡村旅游和三产融合发展模式的创新者

郭占武通过打造以关中民俗和乡村生活为特色的关中印象体验地景区，从品牌、主题、创意、风格到业态、招商、运营、管理、制度等形成一个村景一体、三产融合，相容共生、互补兼顾、层次递进、环环相扣的完备商业体系和成熟商业模式。这是自主创新和创新积累的结果，

也是农村供给侧结构性改革和发展特色产业的成功案例。

经过十年发展,袁家村从乡村旅游起步,市场规模逐步扩大,经济效益不断提升,品牌价值更加凸显,第三产业越做越大、越做越强,直接带动第二产业的发展;由手工作坊到加工工厂再到连锁加工企业,第二产业跟随第三产业走;第二产业的发展不断增加对优质农副产品原材料的需求;遍布各地的种养殖基地和订单农业,使第一产业规模不断扩大。这样,就实现了由"三产带二产促一产","三产"融合发展的格局和良性循环,从而开创了一个乡村产业"逆向发展"的新模式。

目前销售在袁家村、加工在袁家村而种养殖在外地的产品比比皆是。部分农副产品的市场、加工和种养殖基地都已走出袁家村。以面粉和油泼辣子为例,销售、加工在袁家村,种植基地则在渭南和兴平。酸奶的加工也由最初的一个家庭手工作坊发展到村民合作社作坊,再到景区外通过国家食品安全认证(QS)的先进流水线。袁家村还以"旅游+""互联网+"推动农副产品的线上线下销售,不断培育发展新动能和发展后劲,使产业持续发展,使农民持续增收,真正做到了"产业兴旺"和乡村繁荣。

第三节 把农民组织起来,走共同富裕道路

袁家村发展的出发点和目的是增加农民收入、改善农村环境、提升农民生活质量,壮大集体经济,实现共同富裕和可持续发展,不断提升农民的获得感、幸福感和安全感。支部书记郭占武牢记使命,不忘初心,秉持"一人富不算富,大家富才真富"的理念,从袁家村实际出发,大胆创新,勇于探索,总结出一整套把农民组织起来的步骤、方法和形式。具体做法如下:

第三部分　乡村旅游产业发展成功案例

一、创建农民创业平台

以袁家村关中印象体验地为载体，通过袁家村农民学校对村民进行教育和培训，使村民初步具有经营能力和服务意识；然后提供优惠政策和基本条件，让村民分期分批低成本或无成本进入创业平台。郭占武主持的创新团队根据市场调研，设计业态、遴选项目、挑选商户，逐步把村民培养成创业主体和经营主体，在自己村自己家当老板，而不仅仅是个打工者。

村民王创造是最早相应党支部号召，开办农家乐的村民，在此之前务农打工，从未做过生意。郭占武从他家的房屋改造、装修设计到饭菜质量、卫生服务，全程予以指导和帮助。开业时间不长就红火起来，"王家土鸡"生意越来越好，从最初的一年挣十几万到后来年收入五六十万。2016年又投资200多万元，把农家乐改造成精品客栈。王创造一家的成功起了极大的示范作用和带动作用，其他村民正是从最早吃螃蟹的王创造、郭全武两家看到了收益和希望，才纷纷办起了农家乐。

小吃街的商户吕伟是个下岗工人，原来在县城夜市摆个小摊位，收入微薄，生活困难。抱着试试看的想法来到袁家村，郭占武在了解他家的情况后，不仅免费给他提供经营门面，还亲自为他选项目、设计店面，后来又为他加盖了专门用来熬汤的灶房。老吕夫妻非常珍惜袁家村给予的机会和郭占武书记的指导，勤奋努力，诚信经营，"粉汤羊血"生意越做越好，年收入高达500万元以上。饸子店的杜教民是邻村的果农，妻子有残疾，家庭负担重，前些年苹果价格下跌，收入连年下降，入不敷出，生活困难。在袁家村开店创业后，生意一年比一年好，经营收入加上合作社入股分红，年收入都在30万元以上。家里不仅盖起了新房子，还给娃买了房和车，娶了媳妇，过上了幸福生活。小吃街的商户绝大多数都是袁家村周边的淳朴农民，既没有经营能力，也没有服务经验。是郭占武手把手教会了他们如何当老板开店、如何做生意挣钱。

— 157 —

二、培育和扶持优势项目

根据优胜劣汰的市场法则，对所有项目和商户进行动态管理。在发展中不断淘汰无效供给，及时补充适应市场需要的新项目。经过市场选择，发现和确定优势项目，并加以扶持和培育。同时，进一步考察市场前景，评估风险和效益。最终确定具有良好市场前景，又可以扩大再生产、进行产业化运作的优势项目。

袁家村的油泼辣子，最早是郭占武创意设计的一个景区景点项目，在康庄老街的一面土坡下，一头老黄牛，一个石磨盘，一个农家妇女，碾好的辣子热油一泼，满街飘香。既是美食，又是乡愁。大受游客青睐，供不应求。郭占武抓住机会，建起作坊，扩大油泼辣子的生产能力，使之逐步产业化。小小一瓶油泼辣子从一开始的年营业额不足10万元到今天年营业收入高达700多万元。

酸奶现在是袁家村销量最大的明星产品。最早是郭占武指导的一户村民在自己家用小作坊生产。由于现做现卖，奶新鲜，味道好，游客在品尝后都要买几瓶带走。但小作坊满足不了快速增长的袁家村旅游市场，郭占武在对酸奶市场进行深入调研和准确判断的基础上，先是建起大作坊，后又建起生产车间，不断增加产能和产量，2017年酸奶的销售额超过了2000万。

手工粉条、菜籽油、老豆腐、醪糟等项目都是先由一家一户经营，经过郭占武的精心培育和扶持，几年间由小到大，由弱到强，逐步发展壮大起来的。

三、增资扩股，成立农民合作社

在此基础上，对优势项目增资扩股，成立农民合作社。加入合作社的原则是：全民参与、入股自愿、钱少先入，钱多少入，照顾小户、限制大户、风险共担、收益共享。各个项目互相参股，形成你中有我，我

第三部分 乡村旅游产业发展成功案例

中有你的发展格局。通过调节收入分配和再分配，避免两极分化，实现利益均衡，达到共同富裕。

十年间袁家村翻天覆地的变化，不仅引发了村民利益关系的巨大变化，同时也激起村民心理的剧烈波动，在发展过程中曾出现过很多始料不及、意想不到的问题和情况。村民与村民之间、商户与商户之间、本地村民和外来商户之间、投资人和村集体之间、袁家村和邻村之间，各种矛盾错综复杂，利益冲突此起彼伏。可谓处处陷阱，步步惊心。在跌宕起伏、变幻不定的利益大潮中，稍有不慎或一步走错，袁家村这只刚刚起航的小船随时都有倾覆沉没的危险，难逃"其兴也勃焉，其亡也忽焉"的宿命。在这些关键时刻，袁家村的带头人郭占武以非凡的定力和气概，以极大的智慧和耐心，牢牢把控发展方向，排除了各种干扰和阻力，化解掉各种矛盾和纠纷，通过适时、适度调节收入分配，逐步平衡了村民及商户的利益关系。郭占武同志始终坚持公开、公正和公平的原则，不论亲疏一视同仁，本村外村统筹安排，既确保了袁家村的整体利益和长远利益，又兼顾到每家每户的个人利益和眼前利益。郭占武在带领村子前进的过程中大处着眼，小处着手，具体问题，具体对待，因事定策，因人施策，极具创造性地设计出一整套符合乡村实际和农民特点的股份合作制度，形成一个股权清晰，分配明确，你中有我，我中有你的利益共同体。事实证明，郭占武富有远见的利益调整和制度安排，确保了袁家村在共同富裕的正确道路上能够平稳前行。这既是一次创新实践，也是一个重大突破，意义非凡而深远。

在把农民组织起来的过程中，郭占武和支部一班人不仅有眼光、有胸怀、有能力、有智慧，更有无私奉献、一心为民的高尚情操和共产党员的优秀品德。利益面前，他们经受住考验，"先群众后干部，群众利益第一"。在优势项目增资扩股时，收益就在眼前，看得见摸得着，入股就有高回报，有些项目甚至高达百分之百的回报。为了让更多的群众分享发展红利，并照顾经济条件较差的群众，郭占武设计的股权结构独具特色、合情合理，既保证负责合作社经营的大股东的利益，又尽可能让更多的群众入股参与。他本人主动放弃入股机会，不在合作社入股持股。袁家村村务公开透明，合作社股民名单上墙，钱从哪里来，又到哪里去？都明明白白，一清二楚。干部与村民待遇同等，没有特权，只有奉献。群众的眼睛是雪亮的，群众的心里有杆秤，群众打心底信服郭占武书记和村干部。

袁家村探索发展集体经济的新途径，尤其值得注意和重视。袁家村在发展之初，属于村集体所有的资源只有 20 世纪八九十年代村办企业留下的一些集体建设用地。郭占武从实际出发，从村民利益出发，将资源变资产，即把属于村集体的建设用地盘活，变为资产，按比例直接分配到每户村民名下，即对应每户村民的可记名、可量化、可分配的股权，村民对自己持有的股权享有分红收益。随着村经济的发展和公共事业的需要，对全村土地统筹利用、集约化经营已成为必要。在所有权、承包权不变的基础上，村民自愿将土地经营权流转给村集体，用于经济合作组织，并获得相应的股权，变为股东。

袁家村现有 20 多家经济合作组织，都是在郭占武和党支部的引导下，由农民自发、自愿，以土地经营权和现金入股的形式成立的，加入合作社的农民既有袁家村的，也有周边其他村的，还有部分来袁家村发展的外地人，在入股合作方面已经打破了村的界限。外来投资和经营项目，凡占用袁家村集体资源的，这部分集体资源就作为股份（一般为 20%）进入项目，所得股份分红收益作为村集体收入，除用于必要的公共事业支出外，全部、直接分配给每户村民。村民同时还享有自己的土地经营权流转，加入合作社获得的股份红利，实现资源变资产、资金变股金、村民变股民。"三变"后的袁家村集体经济，不是抽象的、模糊的、概念化的，更不是实际控制人或受托人任意支配的，而是装在每户村民腰包里的集体经济。村民看得见、摸得着、拿得到、可支配。袁家村的村民从集体经济的发展中得到实实在在的利益，所以村民关心集体经济、热爱集体经济，对入股合作社、发展集体经济抱有极大的热情和积极性。袁家村以农民合作为基本特征的集体经济充满活力，并不断发展壮大，并从根本上打破了对于农村集体经济的传统观念，克服了长期以来困扰和制约农村集体经济发展的体制和机制障碍，在理论上和实践上的意义都不可低估。

2018年中央一号文件指出"乡村振兴，摆脱贫困是前提。必须坚持精准扶贫、精准脱贫，把提高脱贫质量放在首位"。在发展集体经济、实现共同富裕的道路上，袁家村始终坚持"一家富不算富，大家富才是富；一村富不算富，十村富才是富"。为了帮助周边村的贫困户脱贫致富，袁家村党支部以"一村带十村"，打造农民创业平台等举措助力脱贫攻坚，积极谋划精准扶贫。具体有四种方式：

1. 公司带动扶贫。从实际出发，袁家村依托关中民俗文化有限公司，与陕西信合对接，对有意愿及征信正常的周边100户贫困群众进行扶贫贷款，将500万贷款以股份的形式在袁家村股份合作公司入股，进行保底分红，使更多的贫困群众享受到袁家发展的红利。

2. 投资入股扶贫。在众多的合作社中，村上选择了培育比较成功的、业态发展较好的合作社，对贫困户进行让股，分股到各公司，实现分红增收脱贫。

3. 创业平台扶贫。因户施策，因人施策，瞄准贫困户，为没有技能的贫困群众提供合适的致富门路。除主街区外，每年在村内主要路段或人员密集区为贫困户免费提供固定摊位50个，使其从事力所能及的小本经营，出售自家或当地农副产品，使这些贫困户摆脱了"等、靠、要"的现象以及"有体力、无能力"的农村社会现实。

4. 就业岗位扶贫。给予有一技之长的贫困群众优先提供符合其特长的就业岗位，在政策上降低门槛，免费进行培训，定期帮扶指导，将扶贫与扶志、扶智相结合，变"输血"为"造血"。使贫困农民有合适的岗位，有固定的收入，摘掉了"贫困帽"，真正实现"脱真贫、真脱贫"。

袁家村秉承"实事求是、因人制宜、分类指导"十二字精准扶贫工作方针，真正实现了"扶贫对象精准、项目安排精准、资金使用精准、措施到户精准、脱贫成效精准"，有效推动了整个烟霞镇乃至礼泉县扶贫工作的开展。袁家村这种以共同富裕为目标的发展理念，充分契合了党和国家的农村政策方针，并在拓宽农民增收渠道、消除贫困、缩小城乡居民收入差距等方面成为陕西省乡村振兴的一个典型和一面红旗。

通过乡村旅游，袁家村及周边村庄的农民收入不断增加，贫困发生率显著降低，并且随着乡村旅游的持续推进，袁家村在推动城乡一体化、缩小城乡差距方面也有不俗的表现。袁家村立足乡土文化勇于创新的理念以及把农民作为乡村旅游发展主体所摸索出来的经验，可以视为乡村振兴的创新者和乡村精准扶贫的典型践行者。

郭占武通过引导农民进入创业平台，实行股份合作，加入合作社，共享产业发展收益，调节收入分配，避免两极分化，走共同富裕的道路，克服了农民个体经营的盲目性和分散化，实现了全体村民利益的一致性和共同性。在中国农村实行家庭联产承包责任制近四十年后，在完全市场化的条件下，在没有任何强迫命令的前提下，在农民自觉自愿的基础上，把农民发动、组织和团结起来，以农民为主体，自主解决"三农"问题，助力脱贫攻坚，建设社会主义新农村，实现乡村振兴，这是袁家村人一个了不起的创举，意义深远。

第四节 政策引导，政府帮扶

党和政府高度重视袁家村人自主创新，解决"三农"问题，实现乡村振兴，建设社会主义新农村的实践。中央和省市领导同志多次亲临袁家村视察和调研，予以指导和鼓励。陕西省委 2016 年一号文件明确提出"袁家村模式"并予以推广。礼泉县委和县政府坚定不移地贯彻落实党中央的农村工作政策，充分尊重、积极引导袁家村人民群众的创新实践，营造有利于袁家村创新发展的大环境，并在政策、配套、培训和服务等各方面给予大力支持和帮扶。袁家村的探索始终是在党的领导和关怀下进行的，始终坚持正确的政治方向和实事求是精神。

礼泉县委、县政府为推动县域经济社会发展和"三农"问题的破解，制定和出台了一系列政策、方案和决定。2012年陆续推出《关于加快推进现代农业发展的实施意见》《关于加快发展休闲农业和乡村旅游的意见》《关于推进统筹城乡发展加快城乡一体化进程的实施方案》《关于加快实施"旅游兴县"战略的决定》《关于促进农民增收"一县一策"实施意见》。这些文件的发布和实施，为袁家村的创新试验营造了有利的大环境和良好的氛围，也为袁家村的发展明确了方向，提供了政策保障和支持。

在2007年袁家村乡村旅游起步之初，礼泉县委、县政府就高度重视，着力培育，并把袁家村作为试点，探索乡村旅游发展的新路径。在基础实施、公共服务和配套等方面，礼泉县都会向袁家村倾斜。县财政每年列支200万元专项资金对包括袁家村在内的农家乐进行扶持，在工商、卫生、消防等手续审批上实行简化，在收费上予以减免。在政策支持上，从2012年到2014年，对袁家村连续三年实施以奖代补政策，每年50万元；在项目建设上，每年将重点镇土地建设指标优先考虑到袁家村·关中印象体验地建设项目；将敬老院、中学、供水站等规划建设在袁家村附近；并投资6000万元，新修旅游路、秦琼路、古御道、敬德路等多条旅游道路等基础设施；开通西安、咸阳、礼泉至袁家村旅游专线和公交专线；2017年县财政又拿出专项资金，全面整治、美化旅游路沿线和袁家村周边村容村貌和道路景观；为袁家村的乡村旅游提供必要的基础设施和配套等坚实的硬件支撑。

关中印象体验地建成伊始，县上就把袁家村作为礼泉的一张新名片,大力宣传,积极推介。县委主要领导同志在《陕西工作交流》2013年第10期上署名刊发《紧扣时代跳动脉博,增强农村发展活力》的调研文章,总结和推介袁家村乡村旅游的成功经验,受到有关部门和各级领导的高度重视。县委、县政府领导和机关干部主动做袁家村的义务宣传员和推销员,逢人便说袁家村,请客就来农家乐;县上拿出资金印制旅游宣传品,重点推介袁家村;举办"桃花节""采摘节"等活动,邀请社会各界人士和游客到袁家村·关中印象体验地考察学习、观光游览;推荐袁家村参与国家和省市诸多奖项的评选,以提高知名度。2016年10月在袁家村隆重举办颇具影响力的"中国乡村旅游(袁家村)高峰论坛",邀请到众多知名专家学者、业内权威人士及来自全国各地的代表,大大提升了袁家村的影响力。2016年与中央电视台七套《美丽乡村行》合作,拍摄录制袁家村民俗文化和乡村旅游节目,在春节期间向全国播放,影响广泛,反响热烈。

2010年,礼泉县委、县政府从空间布局和规划引领上,推进袁家村乡村旅游升级,以打造重点镇烟霞镇为县域副中心,将袁家确定为城乡一体化试点村,实施烟霞镇、袁家村镇村一体化建设。2013年,县上在袁家村成立袁家社区,推动"一村带十村"战略,实施污水处理、燃气进村、电力增容、环境整治的全面推进,全面建设,激活了周边十个村庄群众的内生动力,破解了休闲度假的空间扩张和服务保障难题。2014年,将袁家村列为传统民俗文化村试点示范村;2016年,将袁家村列为市级城乡一体化调研基地点。在人才输入上,大学生村官从素质到数量都优先、优厚分配给袁家村,充实和加强袁家村干部队伍。在管理服务上,设立大袁家景区管委会,由主要领导同志挂帅,县政府牵头,县旅游、农业、交警、食品、安监、消防等多个部门联手,从培训、安全、交通、环境等方面着手,强化和提升管理、保障和服务。特别是逢年过节和黄金周游客高峰期,县委、县政府领导同志都亲临袁家村,掌握动态,指挥调度,并组织抽调大批干部到袁家村义务执勤,疏导交通,维持秩序、全天候、全方位服务景区，确保袁家村·关中印象体验地景区安全万无一失。广大干部不怕辛苦、不计酬劳、放弃休假、无私奉献的精神也深深感动了袁家村人。郭占武和村干部常说，袁家村能有今天的好局面，群众能过上好日子，应该感谢县委、县政府的帮助和支持；村民和商户们也感激地说，我们节假日生意红火挣钱多，不能忘记县上这么多干部在为我们站岗执勤。县委、县政府的一系列举措，为袁家村的快速发展并成为全国乡村旅游的"领头羊"提供了强有力的支撑和保障。

袁家村创新发展乡村旅游和探索解决"三农"问题的历程，同时也是礼泉县委、县政府借助资源优势和公信力，实施主导服务推动、政策扶持保障、转变工作职能的改革过程，充分体现了礼泉县委、县政府贯彻落实中央关于深入推进农业供给侧结构性改革加快培育农业农村发展新动能，为实现县域经济社会追赶超越发展，建设富强、生态、人文、幸福新礼泉的坚定信心和实干精神。

第五节 袁家村的基本经验和意义

回顾和总结袁家村十年的创业历程、发展思路和基本经验，概括起来最重要的有以下几点：

1. 以支部为核心，以农民为主体；
2. 以创新谋发展，以共享促和谐；
3. 调节收入分配，实现共同富裕；
4. 以乡村旅游为突破口，打造农民创业平台；
5. 以组建股份合作社为切入点，实现"三变"；
6. 以第三产业带第二产业促第三产业，实现三产融合发展；

7. 把村民培养成为经营主体，让村民当老板和股东，家家有生意，人人能挣钱；

8. 循序渐进，逐步升级，由少到多、由小到大、由弱到强，由一元到多元，由低端到中高端；

9. 搭建平台，汇聚资源，培育商户，合作共赢；

10. 注重精神文明，加强思想教育，弘扬优良传统，淳厚乡风民俗。

袁家村的探索和实践证明：

坚持党的领导，贯彻落实习近平总书记对"三农"工作的重要指示和党在新时代实施乡村振兴战略的一系列方针政策；党支部发挥战斗堡垒作用，书记起到带头人作用，村干部成为懂农业、爱农村、爱农民的"三农"工作队；坚持农民的主体地位，充分尊重农民意愿，切实发挥农民在乡村振兴中的主体作用，调动农民的积极性、主动性、创造性，把农民发动起来、组织起来、团结起来。广大农民不仅有能力自主创新，创造巨大的财富；也有智慧、有办法公平合理分配财富，达到共建共享、共同富裕的目的，实现产业兴旺、生活富裕的乡村振兴的伟大中国梦。

中国乡村振兴袁家村课题组

2016年9月初稿

2017年08月修订

2017年11月二次修订

2018年10月三次修订

附　录

附件一　大兴区下属镇/村旅游办访问提纲

1. 首先请问一下咱们镇的主要的乡村旅游点有哪些？有什么特色？
2. 接待量，宣传渠道，游客大多是来自哪里？大多通过什么渠道来到这些乡村？
3. 咱们镇有没有热门的旅游景点和旅游线路，一般是几日游，接待的这类游客数量大概多少？价格收费呢？游客的评价呢？
4. 一年中，组织接待的会议旅游多吗？一般的会议旅游会选择在哪些景点或者地点呢？会议规模和乡村会议旅游场所规模呢？
5. 您认为咱们镇的乡村旅游的优势和劣势在哪呢？未来的趋势您觉得怎么样呢？发展乡村旅游有何困难和阻碍？
6. 您认为镇里和村里发展乡村旅游行业里，最需要的是什么？需要哪些支持？
7. 您认为发展乡村旅游前后的农村面貌和村民收入和生活状况改善方面变化怎么样？有没有材料或者影像资料记载？

附件二　大兴区旅行社访谈提纲

1. 首先想请问一下咱们旅行社的主要经营线路？（北京市内旅游线路、乡村类的旅游景点和旅游活动、有国外乡村类的旅游景点吗?)

2. 咱们社在大兴区有没有热门的旅游景点和旅游线路，一般是几日游，接待的这类游客数量大概多少？游客大多是来自哪里呢？价格收费呢？游客的评价呢？

3. 咱们社对大兴区乡村旅游季节性和旅游特点有什么特色呢？

4. 一年中，组织接待的会议旅游多吗？一般的会议旅游会选择在哪些景点或者地点呢？会议规模和乡村会议旅游场所规模呢？

5. 您认为大兴区的乡村旅游的优势和劣势在哪呢？未来的趋势您觉得怎么样呢？

6. 您对大兴区发展乡村旅游有何建议呢？

附件三　大兴区农户访谈提纲

1. 您在从事乡村旅游相关行业之前是从事什么行业和职业呢？

2. 您觉得乡村旅游开发前后，村子有什么变化吗？好的变化，坏的变化。

3. 您认为当前咱们村子的乡村旅游发展得怎么样了？您有什么建议或意见？

4. 您觉得咱们村子发展乡村旅游的优势和劣势有哪些呢？

5. 您认为参与到乡村旅游行业里，最需要的是什么？需要哪些支持？有什么困难和阻碍？

6. 您在参与乡村旅游前后的收入和生活状况改善方面变化怎么样？

附件四 大兴区乡村旅游调查问卷

亲爱的朋友：

非常感谢您在百忙中填写调查问卷！受大兴区旅游委委托，我们拟了解社会大众和游客对于大兴区乡村旅游的看法，您的宝贵意见对我们提高旅游服务质量非常重要。谢谢您的支持！

北京市大兴区乡村旅游课题组

1. 您的性别是？[单选题]

○男

○女

2. 您的年龄是？[单选题]

○18 岁以下

○19 岁—30 岁

○31 岁—40 岁

○41 岁—50 岁

○51 岁以上

3. 您的文化程度是？[单选题]

○高中以下

○专科

○本科

○研究生及以上

4. 您的月收入是? [单选题]

○2000 元以下

○2001 元—4000 元

○4001 元—6000 元

○6001 元—8000 元

○8000 元以上

5. 您的职业是? [单选题]

○工人

○农民

○政府公务员

○企业职员

○事业单位人员

○自由职业者

○学生

○离退休人员

○其他_____

6. 您的工作或居住地是 [单选题]

○北京市大兴区

○北京市其他区

○在京外

7. 您是否曾到大兴参与乡村旅游? [单选题]

○是

○否（请跳至第30题）

8. 以下大兴的乡村节庆旅游您参加过哪些？[多选题]

☐ 大兴西瓜节旅游文化节

☐ 大兴庞各庄梨花旅游文化节

☐ 大兴安定桑葚旅游文化节

☐ 大兴采育葡萄旅游文化节

☐ 大兴魏善庄月季旅游文化节

☐ 其他_____

9. 以下大兴区乡村旅游小镇您去过几处？[多选题]

☐ 森林航空小镇（榆垡、礼贤）

☐ 绿港休闲小镇（北臧村）

☐ 温泉葡萄小镇（采育）

☐ 湿地生态小镇（长子营）

☐ 美食购物小镇（青云店）

☐ 御林古桑小镇（安定）

☐ 浪漫月季小镇（魏善庄）

☐ 艺术梨花小镇（庞各庄）

☐ 欢乐西瓜小镇（庞各庄）

☐ 其他_____

10. 以下大兴区乡村旅游新业态园区你去过几处？[多选题]

☐ 采摘篱园（如：八方客源采摘园）

☐ 生态渔家（如：碧海田园垂钓园）

☐ 乡村酒店（如：大森林农家酒店）

☐ 休闲农庄（如：留民营生态农场）

☐ 国际驿站（如：世界月季主题园）

☐ 民族风苑（如：巴园子满族文化民俗村）

☐ 其他_____

11. 您在下列大兴乡村旅游景区中的主要活动是？[多选题]

☐ 农产品采摘

☐ 乡村民俗活动体验

☐ 乡村旅游商品购物

☐ 组织活动拓展

☐ 其他_____

12. 您选择乡村旅游景区时主要考虑的因素有哪些？[多选题]

☐ 便利的交通条件

☐ 优美的田园风光

☐ 舒适的旅游住宿环境

☐ 特色的民俗文化

☐ 合理的旅游价格

☐ 多样化的体验服务

☐ 完善的游憩设施

☐ 独特的风味美食

☐ 旅游知名度

☐ 其他_____

13. 您一般通过什么途径获取大兴乡村旅游景区信息？[多选题]

☐ 电视、广播

☐ 报刊

☐ 朋友介绍

☐ 旅行社

☐ 网络媒体

☐ 旅馆介绍

☐ 户外广告

☐ 其他_____

14. 您每年到大兴区进行乡村旅游的次数是？[单选题]

○ 1—2 次

○ 3—5 次

○ 5 次以上

15. 您一般在什么时间进行乡村旅游？[多选题]

□ 周末

□ 黄金周、小长假

□ 工作日

□ 家庭纪念日

16. 您在北京市大兴区进行乡村旅游的主要方式是？[单选题]

○ 旅游社跟团游

○ 单位组织

○ 亲友自由行

○ 其他_____

17. 您一般在大兴区乡村旅游停留的时间是？[单选题]

○ 半天

○ 一天

○ 两天

○ 两天以上

18. 您在大兴区乡村旅游上的花费大约是？[单选题]

○ 200 元以下

○ 200—500 元

○ 500—1000 元

○ 1000 元以上

19. 您每次去大兴区乡村旅游中花费最大的部分？[单选题]

○ 住宿

○ 交通

○ 采摘

○ 餐饮

○ 购物

○ 景区游览项目门票

○ 其他_____

20. 您在大兴进行乡村旅游的出行方式是？[单选题]

○ 自驾（请跳至第 22 题）

○ 公交车

○ 旅游大巴车（请跳至第 22 题）

○ 其他_____（请跳至第 22 题）

21. 请问您对大兴区乡村旅游中道路交通质量的满意程度是怎样的？

（5 分制：1 表示非常差，2 表示不太好，3 表示一般，4 表示比较好，5 表示非常好）[矩阵量表题]

	1（低）	2	3	4	5（高）
公共交通便捷性	○	○	○	○	○
公共交通准点率	○	○	○	○	○
交通导向标志	○	○	○	○	○

22. 请问您对大兴区乡村旅游中旅游景点质量的满意程度是怎样的？

（5 分制：1 表示非常差，2 表示不太好，3 表示一般，4 表示比较好，5 表示非常好）[矩阵量表题]

	1（低）	2	3	4	5（高）
景区风景	○	○	○	○	○
景区卫生	○	○	○	○	○
景区基础设施	○	○	○	○	○
景区服务咨询	○	○	○	○	○
导游业务水平	○	○	○	○	○
导游服务态度	○	○	○	○	○

23. 您在大兴区乡村旅游期间的住宿选择？[单选题]

○无住宿（请跳至第25题）

○宾馆、饭店

○农家院

○其他＿＿＿＿＿＿＿＿＿＿＿＿＿＿＿

24. 请问您对大兴区乡村旅游中旅游住宿质量的满意程度是怎样的？

（5分制：1表示非常差，2表示不太好，3表示一般，4表示比较好，5表示非常好）[矩阵量表题]

	1（低）	2	3	4	5（高）
住宿安全	○	○	○	○	○
住宿卫生	○	○	○	○	○
住宿可选择的多样性	○	○	○	○	○
入住的便捷性	○	○	○	○	○
住宿服务	○	○	○	○	○

(续表)

	1（低）	2	3	4	5（高）
住宿硬件设施	○	○	○	○	○
住宿价格	○	○	○	○	○

25. 请问您对大兴区乡村旅游中餐饮质量的满意程度是怎样的？【若没有参与这一项，请跳过】

（5分制：1表示非常差，2表示不太好，3表示一般，4表示比较好，5表示非常好）[矩阵量表题]

	1（低）	2	3	4	5（高）
就餐环境	○	○	○	○	○
食物质量	○	○	○	○	○
食物特色	○	○	○	○	○
食物卫生	○	○	○	○	○
餐饮服务	○	○	○	○	○
餐饮价格	○	○	○	○	○

26. 请问您对大兴区乡村旅游中的消费情况（包括采摘）的满意程度是怎样的？【若没有参与这一项，请跳过】

（5分制：1表示非常差，2表示不太好，3表示一般，4表示比较好，5表示非常好）[矩阵量表题]

	1（低）	2	3	4	5（高）
购物环境	○	○	○	○	○
商品质量	○	○	○	○	○
销售人员服务水平	○	○	○	○	○

(续表)

	1（低）	2	3	4	5（高）
商品品种可选择的多样性	○	○	○	○	○
商品价格（如：特产、工艺品、采摘）	○	○	○	○	○

27. 请问您对大兴区乡村旅游中娱乐项目质量的满意程度是怎样的？【若没有参与这一项，请跳过】

（5分制：1表示非常差，2表示不太好，3表示一般，4表示比较好，5表示非常好）[矩阵量表题]

	1（低）	2	3	4	5（高）
娱乐活动的参与性	○	○	○	○	○
娱乐活动的丰富性	○	○	○	○	○
娱乐活动的特色	○	○	○	○	○
娱乐活动的趣味性	○	○	○	○	○

28. 对大兴区乡村旅游您是否愿意再次游览或者推荐给别人？

（5分制：1表示非常差，2表示不太好，3表示一般，4表示比较好，5表示非常好）[矩阵量表题]

	1（低）	2	3	4	5（高）
您是否愿意再次游览	○	○	○	○	○

(续表)

	1（低）	2	3	4	5（高）
您是否会推荐本景区给别人	○	○	○	○	○

29. 您认为大兴区旅游业目前面临的主要问题是？[多选题]

☐ 缺乏合理规划，系统性不足

☐ 相关基础配套和服务设施不完善

☐ 开发深度不够，内容比较单一

☐ 缺乏商品意识，品牌建设落后

☐ 相关人员素质过低，服务水平差

☐ 环境质量不佳

☐ 其他_____

30. 您最喜欢北京哪个区的乡村旅游？[多选题]

☐ 石景山区

☐ 门头沟区

☐ 房山区

☐ 顺义区

☐ 昌平区

☐ 怀柔区

☐ 平谷区

☐ 密云区

☐ 延庆区

31. 您认为上述地区比大兴区在乡村旅游方面的优势是？[多选题]

☐ 景点特色

☐ 交通便利

☐ 住宿餐饮

□娱乐设施
□服务内容
□文化特色

32. 您对发展大兴区乡村旅游的建议是？[填空题]

_____

参考文献

[1] 刘春婷、刘国垚、黄超等:《北京市乡村旅游发展历程及营销模式研究》,载《商情》,2012年第16期,第33—34页。

[2] 王国华:《北京郊区乡村旅游产业转型升级的路径与方法》,载《北京联合大学学报》(人文社会科学版),2013年第11卷第4期。

[3] 大兴区旅游委员会 http：//lvyw.bjdx.gov.cn/。

[4] 大兴区统计局 http：//dxtjj.bjdx.gov.cn/。

[5] 大兴区 http：//www.bjdx.gov.cn/。

[6] 单玉丽:《借鉴台湾经验,扎实推进新农村建设的若干思考》,载《福建论坛》(人文社会科学版),2006年第6期。

[7] 刘荣章、曾玉荣:《台湾休闲农业理念应用于闽北休闲农业发展的研究》,载《台湾农业探索》,2005年第4期,第25—28页。

[8] 保继刚:《旅游开发研究——原理·方法·实践》,北京:科学出版社,2003年版,第170—200页。

[9] 陆青青、乐为:《上海乡村旅游发展的探讨》,载《上海农村经济》,2015年第4期,第26—29页。

[10] 殷秀侠:《论促进旅游供给侧改革的手段》,载《商场现代化》,2016年第8期,第248—249页。

[11] 陈瑞萍:《我国乡村旅游的供给侧改革路径》,载《农业经

济》，2017年第7期，第60—62页。

［12］张广海、高俊，《我国旅游业供给侧改革分析》，载《经济与管理评论》，2016年第4期，第113—118页。

［13］秦志红：《美丽乡村建设背景下的北京乡村旅游转型升级研究》，载《南方农业》，2017年第9期，第85—87页。

［14］王润、刘家明、张文玲：《地理大数据视野下京津冀乡村旅游空间类型区划研究》，载《中国农业资源与区划》，2017年第12期，第138—145、169页。

［15］Thomas L S. Decision making, "the analytic hierarchy and network processes" *Journal of Systems Science and Systems Engineering*, 2004, pp. 1 – 35.

［16］张颖：《北京市休闲农业布局评价及优化研究——以休闲农业园区为例》，北京：中国农业科学技术出版社2016年版。

［17］何景明、李立华：《关于"乡村旅游"概念的探讨》，载《西南师范大学学报》（人文社会科学版），2002年第5期，第125—128页。

［18］朱晶桓：《浅谈设施农业存在的问题及相关技术》，载《农民致富之友》，2017年第10期，第113页。

［19］中共北京市委、北京市人民政府：《北京市乡村振兴战略规划（2018—2022年）》，2018年12月30日。

后 记

2017年,党的十九大提出实施乡村振兴战略,开启了"三农"发展的新篇章。这是以习近平同志为核心的党中央着眼党和国家事业全局作出的重大决策部署,是决胜全面建成小康社会、全面建设社会主义现代化国家的重大历史任务,是新时代做好"三农"工作的总抓手,在我国"三农"发展进程中具有划时代的里程碑意义。为贯彻落实党的十九大、中央经济工作会议、中央农村工作会议精神和政府工作报告要求,描绘好战略蓝图,强化规划引领,科学有序推动乡村产业、人才、文化、生态和组织振兴。2018年9月26日,中共中央、国务院编制印发了《乡村振兴战略规划(2018—2022年)》,提出了乡村振兴的目标:"到2035年,乡村振兴取得决定性进展,农业农村现代化基本实现。到2050年,乡村全面振兴,农业强、农村美、农民富全面实现。"为了实现这一目标,《规划》提出要发展壮大乡村产业,要"以完善利益联结机制为核心,以制度、技术和商业模式创新为动力,推进农村一二三产业交叉融合,加快发展根植于农业农村、由当地农民主办、彰显地域特色和乡村价值的产业体系,推动乡村产业全面振兴。"

北京市委市政府坚持以习近平新时代中国特色社会主义思想为指导,深入贯彻党的十九大精神和十九届二中、三中全会精神,加强党对"三农"工作的全面领导,出台了《关于实施乡村振兴战略的措施》,对全市农业农村发展作出了新部署。结合居民消费结构加快升级和特色农产品、乡村旅游等的多元化、个性化消费需求快速增长的实际，坚持人与自然和谐共生，不断加大统筹城乡改革发展力度，出台一系列强农惠农富农政策举措，为乡村振兴注入了新动力，全市农业农村呈现良好发展局面，为实施乡村振兴战略，建立健全城乡融合发展体制机制和政策体系，促进城乡要素双向流动，**建设美丽宜居乡村**实现乡村振兴提供了新支撑。

北京是中国的首都，近年来，随着中国特色社会主义进入新时代，我国经济正在逐步由传统的高速增长向高质量发展转变，在这种宏观大背景下，北京坚持"稳中求进"工作总基调，坚定不移贯彻新发展理念，落实高质量发展要求，坚持以供给侧结构性改革为主线，牢牢把握首都城市战略定位，大力推动京津冀协同发展，经济社会步入了高质量发展的新时期。2018年年末，全市常住人口为2154.2万人，人口密度为每平方公里1313人，全市实现地区生产总值30320亿元，按可比价格计算，比2017年增长6.6%。按常住人口计算，全市人均地区生产总值由2017年的12.9万元提高到14万元，经济实力进一步增强，人民生活水平持续提高。

在农业发展方面，北京市委市政府准确把握北京"大城市小农业""大京郊小城区"的市情和乡村发展规律，切实把实施乡村振兴战略摆在优先位置，按照产业兴旺、生态宜居、乡风文明、治理有效、生活富裕的总要求，建立健全城乡融合发展体制机制和政策体系，统筹推进农村经济建设、政治建设、文化建设、社会建设、生态文明建设和党的建设，高质量推进农业现代化、农村现代化、乡村治理体系和治理能力现代化建设，促进乡村产业、人才、文化、生态和组织全面振兴，不断增强人民群众的获得感、幸福感和安全感，为决胜全面建成小康社会和建设国际一流的和谐宜居之都提供坚实保障。

伴随着经济综合实力的不断增强，北京的农业和旅游业也步入了发展的新轨道。2018年，全市拥有农业观光园1172个，实现总收入27.3亿元。民俗旅游实际经营户7783户，实现总收入13亿元。设施农业和种业分别实现收入51.7亿元和12.4亿元。全市全年实现农林牧渔业总产值296.8亿元。全年接待国内旅游者3.1亿人次，比上年增长4.6%。国内旅游总收入5556亿元，增长8.5%。接待入境旅游者400.4万人次，增长2.0%。旅游外汇收入55.2亿美元，增长7.5%。国内外旅游总收入5921亿元，增长8.3%。

大兴区位于北京市南部，区位优势明显，素有"京南门户"之称，全区面积1040平方公里，具备优越的地理位置和独有的政策利好。中共北京市委、北京市人民政府发布的《促进城市南部地区加快发展行动计划（2018—2020年）》，进一步明确了**北京城南地区的发展目标**。按照行动计划，城南地区将构建**"一轴、两廊、两带、多点"**的城市服务功能组织架构，推动资源要素集聚共享。大兴处于连接北京中心城区、北京南城、京南及雄安新区的大通道上，**"京雄发展走廊"横空出世**，而实现北京与京南、雄安新区连接的"节点"正是北京大兴新机场。随着京津冀协同发展战略的落实、北京市"四个中心"城市战略定位的确定、北京新机场建设、北京市国家现代农业示范区的创建等一系列国家重大决策和项目的实施，大兴作为连接京津冀协同发展的枢纽，面临着历史上最难得的发展战略机遇期。

近年来，大兴区立足首都城市战略定位，准确把握北京"大城市小农业""大京郊小城区"的市情和乡村发展规律，统筹城乡国土空间开发格局，优化乡村生产生活生态空间，分类推进乡村发展，构建城乡融合发展格局。大兴区的经济也取得长足的进步，全区经济实力稳步提升，结构不断优化升级，经济总量位居北京市前列，社会民生呈现新气象。在"十三五"以及未来相当长的时期，大兴区按照"科技创新中心区、高端产业引领区、区域协同前沿区、国际交往门户区、深化改革先行区"的总体定位，要构建符合功能定位的现代产业体系，其中"都市服务"和"现代农业"与旅游业息息相关，是"442"产业体系中的优化提升支撑产业。大兴区城市定位和发展战略的大变革，**"一轴、两带、三区"**的空间布局和"东粮、中菜、南果、北绿"农业结构调整目标，为农业和旅游业的发展创造了全新的发展空间。

大兴区发展农业的基础深厚，享有"绿海甜园"的美称。依托于深厚的农业基础，近年来，大兴区的农业和乡村旅游产业发展迅速，已经成为推动大兴社会经济发展的重要产业。随着京津冀协同发展战略的落实、北京市"四个中心"城市战略定位的确定、北京新机场以及新航程的建设、北京市国家现代农业示范区的创建等一系列国家重大决策和项目的实施，大兴区正面临着历史上最难得的发展战略机遇期。在中共中央、国务院《乡村振兴战略规划（2018—2022年)》、中共北京市委、北京市人民政府《关于实施乡村振兴战略的措施》发布之时，我们有幸承担了2018年大兴区第三次全国经济普查招标重点课题中的两项课题的研究工作，即大兴区"三农"问题研究和大兴区乡村旅游产业发展问题研究，通过课题组成员深入实际调研、实地走访等深入研究，顺利完成了两项课题的研究工作。大兴区的乡村振兴必须解决大兴的"三农"问题，而"三农"问题的解决，必然要大力发展大兴的乡村旅游产业。

北京印刷学院作为扎根大兴办学最早的高等学校，一直把服务大兴区经济社会发展作为自身重要的社会职责之一。为了把大兴区发展农业和乡村旅游业的做法和经验进行总结梳理和分析，向更大范围扩散和宣传，在系统总结两项课题研究成果的基础上，课题组编写了《北京市大兴区农业与乡村旅游产业发展趋势研究》一书。本书利用大兴区第三次全国农业普查数据及相关资料，在确保数据运用准确的前提下，对农业普查课题进行针对性研究；课题立足国家发展战略及区域功能发展定位的角度，深入分析了大兴区"三农"和乡村旅游业发展的状况，找出存在的问题，探讨本区农业和乡村旅游业发展的方向及思路，对农业和乡村旅游业发展进行趋势预判，同时，课题组深入陕西礼泉县袁家村调研

后 记

采访，书中收录了袁家村发展旅游业成功的做法和经验，希望本书出版能对大兴区以及全国其他类似区域的乡村及**乡村产业高质量发展、有序实现乡村振兴**贡献我们的微薄之力。

在课题调研的过程中，得到了大兴区统计局、大兴区农委、大兴区旅游委以及大兴区下属各镇、村的大力融合和支持，得到了陕西礼泉县领导和袁家村领导的介绍和经验材料提供，研究成果顺利出版凝结着中央编译出版社王丽芳编辑的辛勤工作和付出，在此一并致谢。

王关义

2019 年 6 月